Das jüngste Gericht

D1731613

HABEMUS PASTA

Die Nudelbibel

RAINER SCHILLINGS   MANUEL WEYER   ANSGAR PUDENZ

99PAGES

SCALA SANTA
HEILIGE TRAP
HOLY STAIRS

Salire con devozione
Bestijgen met eerbied
To be gone up with devotion

Liebe Nudelgemeinde

Jetzt liegt sie endlich vor uns, die einzige und wahre Nudelbibel, die uns den Biss in alle Ewigkeit ermöglicht. Ein Buch, das der teigigen Dreifaltigkeit huldigt und den Heißhungernden in Ehrfurcht bei Tische niederknien lässt, zumindest im übertragenen Sinne. Weißer Rauch wird aus den Kochtöpfen aufsteigen, wenn „Pastapastor" Manuel Weyer sein Wort zum Mittag erhebt und die Menschen nicht länger in die Röhren schauen lässt. Stattdessen dürfen sie auf Erlösung von den kleinen und großen Hungersnöten hoffen. Weizende Wolken wallen und der Genusshimmel auf Erden tut sich auf, wenn Weyers Wille endlich geschehe und die Gerichte in ihrer ganzen Pracht gereicht werden. Rezepte wie aus dem Jenseits, die sich als Fingerzeig der überirdischen Küche in das Dies-

seits gestohlen haben. Welche Götterspeise wäre da noch konkurrenzfähig? Diese Frage muss in diesem Zusammenhang erlaubt sein! Blasphemisches liegt den Autoren fern, denn wo gab es schon Vergleichbares – oder sind Ihnen schon einmal Engelsnudeln à la Vaticano, Cardinal de Mer mit Pfaffenhüten oder gar Sixtinische Pappardelle, Turteltauben-Tortellini oder verbotene Früchte auf einer Nudelwolke erschienen? Gewiss, diese Kreationen sind nicht ganz so sicher wie das Amen in der Küche. Aber wenn sie gelungen sind, erfreuen sie die Gaumen der Gäste. Damit Sie wissen, wie schwer ein Rezept herzustellen ist, haben wir sie gekennzeichnet – ein vatikanisches Wappen für einfache, zwei für normale und drei für raffinierte Zubereitung. Aber nun lasset uns kneten: In nomini Pasta, Fusili et Spaghettini Sancti!

Von Oblaten alleine kann man nicht leben – aus dieser Tatsache macht die Bibel keinen Hehl. Rebhühner, Fische, Lämmer und viele mehr oder weniger verbotene Früchte standen auf dem biblischen Speiseplan. Klar, dass all diese Lebensmittel auch inspirierend Pate für die vorliegende Nudelbibel standen. Nur über Pasta selbst ließ sich bei der aufwendigen Bibelrecherche keine Quelle finden. Schade eigentlich!

HABEMUS

I. KAPITEL
....

6 PISCES – *FISCH*

8 Zweifarbige Nudelteigblätter
   mit sanft gegartem Saibling

10 Paprika-Cannelloni mit Bachforelle
   und Avocado

12 Muschelnudeln

16 Gedrehte Spinatnudeln aglio e olio
   mit Gelbflossenmakrele

18 Bucatini mit Saint Pierre,
   Jakobsmuschel und Königskrabbe

20 BISS IN ALLE EWIGKEIT
   Die Geschichte der Nudel

24 Lasagne mit Spargel und Seeteufel

28 Oblaten mit Kaviar und Trüffel

30 Cardinal de Mer mit Pfaffenhüten

II. KAPITEL
....

34 OLUSCULA – *GEMÜSE*

36 Pennette Diavolo

40 Gefüllte Nudel mit grünen Bohnen
   und Portulak

42 Spaghettini ohne Wasser mit
   Kräuterseitlingen

44 EGO ET ABSURDUM
   Nudeln und Leidenschaften der Päpste

46 Käsemakkaroni

48 Dicke Bohnen mit Pappardelle

PASTA

III. KAPITEL

50 CARNES – *FLEISCH*

52 Agnolotti Vaticano mit Paprika-Sugo

54 Kaninchen-Cannelloni mit Waldpilzen

58 Raviolo mit Brathähnchen im
Geflügelsud

60 Sellerie-Ravioli mit pochiertem
Kalbsfilet

62 Schwarzwurzel-Bandnudeln mit
sanft gegartem Rebhuhn, Feldsalat
und Veilchen

66 Taubenkoteletts mit Holunderjus,
Tortelloni und grünem Lauch

72 Auf Heu gegarte Lammschulter
mit Frühlingsgemüse und
Petersilienwurzel-Spaghetti

IV. KAPITEL

74 BELLARIA – *NACHTISCH*

76 Nougat-Tortellini mit Pop(e)corn und
weißem Tassenkuchen

78 Panzerotti mit verbotenem Apfel

82 Schokoladen-Cannelloni mit Feige,
Cassis und Haselnusseis

86 Apfel-Spaghetti-Eis

88 Lasagne von verbotenen Früchten

90 Süße Tagliatelle mit Himbeersorbet

NUDELTEIGREZEPT FÜR …

92 Hartweizennudeln
94 Schichtnudeln
96 Ravioli und Tortellini

98 IM GESIEBTEN HIMMEL
Gut Ding will Heiligkeit haben

Nehmet und esset!

Nichts ist so ernst wie das verlorene „m"

Nun, wer ein irdisches Kochbuch erwartet, wird auf den folgenden Seiten enttäuscht werden. Habemus Pasta ist, wenn man es wörtlich nimmt, eigentlich überirdisch. Nicht von dieser Welt kann auch heißen, nicht ganz normal. Auf keinen Fall so wie das im Allgemeinen bekannte Nudeleinerlei. Dies beginnt schon beim Titel. Habemus Pasta trägt per se schon einen Fehler in sich, der jeden echten Lateiner zur Verzweiflung bringen dürfte: Denn eigentlich müsste das Buch „Habemus Pastam" heißen, aber wer will schon grammatikalische Weisheit mit Löffeln essen? Daraus lernen wir – die Nudelbibel ist in der Sache durchaus ernsthaft, auch wenn das verlorene „m" schon alles verrät: Ein bisschen Spaß beim Essen darf schon sein. Was die einen als Humor verschlingen, könnte bei anderen als blasphemisch im Halse stecken bleiben. Dies ist natürlich ebensowenig beabsichtigt wie Dogmatisches von der Küchenkanzel. Der erhobene Kochlöffel liegt den Machern dieses Buches völlig fern. Natürlich können sämtliche Nudeln, die hier selbst hergestellt werden, auch durch fertige Pasta aus dem Regal ersetzt werden. Natürlich sind die Zutaten nicht wie die berühmten Gebote in Stein gemeißelt. Wer keine Rebhühner und Turteltauben mag oder bekommt, kann ein ähnlich gutes Ergebnis mit Wachteln oder einem normalen Hühnchen erzielen. Statt Königskrabben gehen auch einfache Garnelen und statt verbotener Früchte aus dem Paradies auch ganz legales Obst vom Markt. Nicht irgendein Fresspapst steht Pate für die Rezepte, sondern die Fantasie. Einfach göttlich gut kochen, einfach mal dem Alltäglichen entrücken. Kein Mensch muss Pfaffenhüte basteln, um den Himmel auf Erden zu genießen. Selbstverständlich können auch einfache Tortellini aus der Packung ein geschmackliches Wunder bewirken. Anders gesagt – wir wollen Sie mit der Nudelbibel lediglich in Versuchung führen, um dem Genuss und dem Miteinander zu huldigen. Dass wir dabei die Nudel auf den Altar gehoben haben, dafür mussten Hans und Franz – oder wie die Jungs gerade so heißen – mal herhalten. Habemus Pasta(m).

Rund um den Vatikan ist die klerikale Kulinarik mehr als irdisch. Der fromme Mann – und natürlich auch die Frau – genießt Pasta und Pizza in römischer Schlichtheit. Dabei sind die guten Trattorien in der Nähe der Porta Angelica mit Sicherheit besser bekannt als der Text der letzten Enzyklika. Schließlich ist die Zunge nicht nur zum Predigen, sondern selbstverständlich auch zum Schmecken da …

PISCES

Fisch

Man muss sich das mal vorstellen: Als die Apostel ihre Berufung bekamen, musste ihr Chef gleich mal unter Beweis stellen, wozu er mit seinem wunderbaren Kochrepertoire so in der Lage war. Ganze zwei Fische und fünf Brote haben am Ende gereicht, um 5000 hungernde Menschen zu speisen und davon zu überzeugen, dass auch ein kleines Häppchen Großes bewirken kann.

Nun wissen wir nicht, ob die nachfolgenden Speisen ebenfalls das gewisse Mehr aus dem Meer haben. Tatsache ist aber, dass sie zum Niederknieen sind.

Pasta unser

Zweifarbige Nudelteigblätter
mit sanft gegartem Saibling

ZUTATEN FÜR 4:

½ Bund Kerbel, grob gezupft
50 ml Pflanzenöl

½ Rezept Nudelteig (weiß) herstellen
½ Rezept Nudelteig (grün) mit
Kerbelöl herstellen (S. 96)

200 ml Fischfond
100 ml Wasser
Saft von
1 unbehandelten Limette
Chili a. d. Mühle

Für den Saibling:
400 g Saiblingsfilet, ohne Haut
½ TL braunen Zucker
1 Limette, Abrieb
½ TL grobes Meersalz
schwarzer Pfeffer a. d. Mühle

Für die Sauce:
2 Schalotten
2 junge Knoblauchzehen
75 g Butter
75 g Mehl
Sud der Nudeln
feines Salz
Chili a. d. Mühle

Zum Vollenden:
1 Kopfsalat
2 schwarze eingelegte Walnüsse,
gewürfelt
feine Kerbelblättchen
Limettenfilets
50 g Saiblingskaviar
Pecorino, geraspelt

ZUBEREITUNG:

Den Kerbel in wenig kochendem Wasser für 1–2 Sekunden blanchieren, danach sofort unter eiskaltem Wasser abkühlen und mit Küchenkrepp trocknen. Den Kerbel zusammen mit dem Öl in einer Küchenmaschine pürieren und durch ein feines Sieb streichen. Danach das Kerbelöl sofort kalt stellen.

Den weißen Nudelteig sehr dünn ausrollen. Den blassgrünen Nudelteig ebenso dünn ausrollen und in 0,5 cm schmale Streifen schneiden (siehe Seite 96). Danach den weißen Nudelteig mit einem feuchten Küchenkrepp abtupfen, die blassgrünen Nudelstreifen gleichmäßig nebeneinander darauflegen und das Ganze vorsichtig erneut dünn walzen. Anschließend den gestreiften Teig in 6 x 6 cm große Quadrate schneiden, sodass am Ende 16 fertige Quadrate entstehen.

Den Fischfond mit Wasser, Limettensaft und Chili a. d. Mühle zum Kochen bringen und die Nudelteigblätter darin 4–5 Minuten bissfest blanchieren und ohne Öl nebeneinander zum Auskühlen auf Backpapier legen.

Den Saibling unter fließendem Wasser abspülen und mit Küchenkrepp trocken tupfen. Alle Zutaten miteinander verrühren und das Filet damit einreiben. Danach mit schwarzem Pfeffer würzen. Den gewürzten Saibling mit einem scharfen Messer schräg in sehr dünne Scheiben schneiden, sodass 20 Scheiben entstehen.

Für die Sauce die Schalotten und den Knoblauch fein würfeln und in der Butter langsam anschwitzen. Danach mit Mehl bestreuen und leicht abbrennen, bis sich am Topfboden ein leichter Belag abzeichnet. Mit dem Fischsud aufgießen und einkochen lassen. Unter gelegentlichem Rühren eindicken, danach mit Salz und Chili würzen.

Zum Anrichten nun 1 Scheibe Saibling, 1 TL Sauce und ein Nudelteigblatt leicht überlappend der Länge nach schichten. So fortfahren, bis jeweils 4 Nudelteigblätter und 5 Scheiben Saibling auf jedem Teller liegen. Danach in den vorgeheizten Backofen geben und bei 55–60 °C, ca. 10–15 Minuten garen. Im Anschluss den Kopfsalat, die gewürfelten Walnüsse sowie den Kerbel darüberstreuen und die Limettenfilets auflegen. Zum Schluss mit Kaviar und Pecorino vollenden.

Corpus delicatessi
Paprika-Cannelloni mit Bachforelle und Avocado

ZUBEREITUNG:

Den Strudelteig (Zimmertemperatur) in 8 × 10 cm große Rechtecke schneiden, sodass vier gleich große Strudelteigblätter entstehen. Vier Metallröhrchen (2 cm Durchmesser, Backutensil) auf ca. 10 cm Länge in Backpapier einschlagen und mit Pflanzenöl fetten. Nun die 4 Strudelteigblätter locker um die Röhrchen wickeln und im Backofen bei 160 °C Heißluft auf Sicht zu Cannellonis goldgelb backen. Aus dem Ofen nehmen und auskühlen lassen.

Für die Füllung die Paprikas vierteln, den Strunk und das Kerngehäuse entfernen. Thymian, Salz und reichlich Olivenöl über das Backblech geben und die Paprikas mit der Fruchtfleischseite darauflegen. Die Schalotten und den Knoblauch in grobe Streifen schneiden und über den Paprika streuen. Das Ganze nun im vorgeheizten Ofen bei 160 °C Ober-/Unterhitze 17–20 Minuten garen. Danach mit einem zweiten Backblech beschweren und für 10 Minuten die Paprika lauwarm auskühlen lassen. Anschließend die Haut einfach mit einem Küchenmesser abziehen. Die abgezogene Paprika, die geschmorten Schalotten und den Knoblauch grob würfeln. Die Paprikafüllung mit Akazienhonig und Chili abschmecken. Etwas Paprika zur Dekoration zur Seite stellen.

Die Avocado halbieren, Kern entfernen und mit einem Löffel aushöhlen. Das Fruchtfleisch in kleine Würfel schneiden. Den Knoblauch fein würfeln und zugeben. Danach mit Salz, Chili und Zitronensaft würzen.

Die Haut der Bachforellen vorsichtig entfernen und beschwert zwischen zwei mit Backpapier ausgelegten Backblechen im Ofen bei 160 °C Ober-/Unterhitze 12–15 Minuten knusprig backen. Zum sanften Garen der Bachforelle den Knoblauch andrücken, Oregano abzupfen und mit Olivenöl in einen flachen Topf geben. Danach die Bachforellenfilets in das Öl legen, bei langsam ansteigender Hitze auf knapp 50 °C temperieren und für 8–10 Minuten darin garen. Anschließend herausnehmen, auf Küchenkrepp abtropfen lassen und mit Salz würzen.

Zum Anrichten die Paprika mit Hilfe eines Spritzbeutels in die vorbereiteten Strudelteig-Cannelloni füllen. Die Avocado mithilfe eines Metallförmchens rechteckig anrichten. Jeweils 1 Bachforellenfilet daraufgeben, die Cannelloni daraufsetzen und mit Pinienkernen bestreuen. Die gebackene Fischhaut anlehnen und das Ganze mit Gartenkresse und Parmesan verfeinern.

ZUTATEN FÜR 4:

Für die Strudelteig-Cannelloni:
1 Strudelteig a. d. Tiefkühlregal
Pflanzenöl zum Einfetten

Für die Füllung:
4 Paprika
4 Zweige Thymian
½ TL Meersalz
1 TL Olivenöl
2 Schalotten, geschält
2 Knoblauchzehen, enthäutet
1 EL Akazienhonig
Chili a. d. Mühle

Für die Avocado:
1 reife Avocado
2 junge Knoblauchzehen, geschält
feines Salz und Chili a. d. Mühle
Saft und Abrieb
1 unbehandelten Zitrone

Für die Bachforelle:
4 Bachforellenfilets, küchenfertig
mit Haut, ohne Gräten à ca. 60 g
2 Knoblauchzehen
4 Zweige Oregano
mildes Olivenöl zum Garen
feines Salz

Zum Vollenden:
Gartenkresse
20 g Parmesan, gerieben
1 EL Pinienkerne, geröstet
Paprikafruchtfleisch

Veni, vidi, Venus
Muschelnudeln

ZUTATEN FÜR 4:

Für die Sauce:

je 2 Schalotten und Knoblauchzehen
200 g Knollensellerie
1 Fenchel
200 ml Fischfond
200 g weißer Junglauch
500 g Strauchtomaten, geschält
50 g getrocknete Tomaten
2 EL mildes Olivenöl
1 EL Oregano, fein geschnitten
Salz, Chili a. d. Mühle

Für den Muschelsud:

2 Schalotten
6 junge Knoblauchzehen
50 ml Pflanzenöl
200 ml Weißwein, trocken
300 ml heller Fischfond
2 kleine, getrocknete Chilischoten
2 Zweige Estragon
½ Bund Kerbel
2 Anissterne
feines Meersalz
400 g Pfahlmuscheln
300 g Venusmuscheln
300 g Herzmuscheln

Für die Muschelnudeln:

Muschelsud
1 l Wasser
300 g fertige Muschelnudeln

Zum Vollenden:

einige Schalen der Muscheln
frischer Oregano

ZUBEREITUNG:

Für die Sauce die Schalotten und den Knoblauch schälen, den Knollensellerie und den Fenchel putzen und würfeln. Den Lauch putzen und in Ringe schneiden. Die Tomaten vierteln, entkernen und zusammen mit den getrockneten Tomaten fein würfeln. Das Olivenöl in einem Topf erhitzen und die Schalotten sowie den Knoblauch bei mittlerer Temperatur darin anschwitzen. Den Sellerie und den Fenchel dazugeben, kurz mitgaren und das Ganze mit Fischfond ablöschen. Die frischen und getrockneten Tomatenwürfel zugeben und bei niedriger Temperatur ziehen lassen. Mit Salz, Chili a. d. Mühle abschmecken. Kurz vor dem Servieren mit frischem Oregano verfeinern.

Für den Muschelsud die Schalotten und den Knoblauch schälen, fein würfeln und in einem breiten flachen Topf in Pflanzenöl glasig anschwitzen. Mit Weißwein ablöschen, leicht reduzieren und mit Fischfond aufgießen. Kräuter und Gewürze zugeben und bei niedriger Temperatur 5–10 Minuten ziehen lassen. Danach den Sud zum Kochen bringen, die Muscheln zugeben und mit einem Deckel verschließen. 3–5 Minuten garen. Danach die geschlossenen Muscheln aussortieren und das Muschelfleisch der geöffneten Muscheln zur Sauce geben.

Den gewonnenen Sud durch ein Sieb laufen lassen, mit Wasser auffüllen und die Muschelnudeln darin 12–15 Minuten bissfest kochen. Anschließend die Muschelnudeln abschütten und durch die Sauce schwenken.

Zum Schluss das Ganze in die vier vorgewärmten Teller verteilen und mit feinem Oregano und 1–2 Muschelschalen servieren.

CONCHIGLIONI

Muschelnudeln gibt es in allen denkbaren Größen. Die ganz kleinen sind kaum mehr als 5 Millimeter lang und werden gerne als Suppeneinlage verwendet. Die großen Muschel-nudeln heißen Conchiglioni und werden mit Fleisch oder Gemüse gefüllt. Diese Nudelform wird auch gerne als ‚Pasta tricolore' (dreifarbige Nudeln) angeboten. Coralli und Cornetti sind die nächsten Verwandten des Conchiglioni-Clans, der ebenfalls erst durch innere Werte auf den individuellen Geschmack kommt.

Nudeln cum laude

Gedrehte Spinatnudeln aglio e olio mit Gelbflossenmakrele

ZUBEREITUNG:

Für den grünen Nudelteig den Spinat sehr fein schneiden und zusammen mit Wasser in einer Küchenmaschine zu einer kompakten Masse pürieren, leicht salzen und durch ein feines Sieb streichen. Danach sofort bis zur weiteren Verwendung kalt stellen. Anschließend mit den abgewogenen Zutaten der Hälfte des Nudelteiges gründlich verkneten. Danach in Klarsichtfolie einschlagen, flach drücken und für 30 Minuten kalt stellen. Den weißen Nudelteig hauchdünn ausrollen und zu kleinen ca. 5 bis 6 cm großen Dreiecken schneiden. Anschließend von einer Seite wie ein Croissant locker aufrollen und auf ein bemehltes Backblech legen. Mit dem grünen Nudelteig ebenso verfahren.

Die Makrelenfilets unter fließendem Wasser abspülen und mit Küchenkrepp abtupfen. Danach die Haut mit einem scharfen Messer entfernen und schräg/mittig halbieren. Die abgelöste Haut zwischen Backpapier auf einem Backblech etwas beschwert, bei ca. 160 °C Ober-/Unterhitze 12–15 Minuten knusprig backen. Die krosse Haut auf Küchenkrepp beiseite legen. Die Filets anschließend mit reichlich Olivenöl beträufeln und mit Salz und Pfeffer würzen. Zusammen mit Knoblauch und Thymian in einer Pfanne im Backofen bei ca. 80 °C Ober-/Unterhitze ca. 10–12 Minuten sanft und saftig garen.

Für die Nudeln den Fischfond und das Wasser zusammen erhitzen. Die geschälten und gewürfelten Schalotten und den Knoblauch in Olivenöl anschwitzen und mit einem Drittel des Fonds ablöschen. Die gedrehten Nudeln zugeben und nach und nach mit heißem Fond aufgießen, bis dieser aufgebraucht ist. Dieser Vorgang dauert etwa 8–10 Minuten. Danach den jungen Spinat zugeben und mit dem Saft und dem Abrieb einer Limette sowie mit feinem Salz und Pfeffer abschmecken. Zum Vollenden die gedrehten Spinatnudeln in tiefe vorgewärmte Teller geben und jeweils zwei Makrelenfilets darauflegen. Mit Parmesan bestreuen und mit krosser Haut servieren.

ZUTATEN FÜR 4:

Für die Nudeln:
½ Rezept Nudelteig (weiß)
½ Rezept Nudelteig (grün)
mit Spinat herstellen (S. 92)
50 g junger Spinat, geputzt
50 ml Wasser
feines Salz

Für die Makrelen:
4 Gelbflossenmakrelenfilets à ca. 80 g
(küchenfertig, mit Haut, ohne Gräten)
4 junge Knoblauchzehen
2 abgezupfte Thymianzweige
20 ml mildes Olivenöl

Zum Vollenden:
2 junge Knoblauchzehen
2 Schalotten
20 ml Olivenöl (mild)
200 ml Fischfond
200 ml Wasser
100 g junger Spinat
Saft und Abrieb von
1 unbehandelten Limette
schwarzer Pfeffer a. d. Mühle
Parmesan, gehobelt

Die Heiligen Drei Könige
Bucatini mit Saint Pierre, Jakobsmuschel und Königskrabbe

ZUTATEN FÜR 4:

Siehe Nudelteigrezept auf S. 92

Für das Angelika-Gewürzöl:
100 ml Pflanzenöl
100 g Angelikakraut, geputzt
Blütenhonig zum Abschmecken
feines Salz, Chili a. d. Mühle

Für das Gemüse:
2 Schalotten
2 Knoblauchzehen
20 g Butter
je 50 g Sojabohnen, Erbsen, Junglauch
100 g blanchierte Brokkoli-Röschen
Salz, Muskatnuss a. d. Mühle

Für die Nudeln:
200 ml Fischfond
100 ml Wasser
2 Schalotten, 2 Knoblauchzehen
20 ml Olivenöl
Saft und Abrieb von
1 unbehandelten Limette
schwarzer Pfeffer a. d. Mühle

Für die Meeresfrüchte:
50 g Butter
4 Jakobsmuscheln, küchenfertig
4 Saint Pierre-Filets à ca. 60 g
2 Königskrabbenbeine, vorgegart
feines Salz, Pfeffer
2 junge Knoblauchzehen

Zum Vollenden:
Kerbel, fein gezupft
2 Blättchen Blattgold

ZUBEREITUNG:

Den Nudelteig mithilfe einer Nudelmaschine zu ca. 8 cm langen Bucatini (bzw. Makkaroni) verarbeiten und auf einem bemehlten Backblech beiseite stellen.

Alle Zutaten für das Gewürzöl miteinander in einer Küchenmaschine fein mahlen, durch ein feines Sieb streichen und sofort kalt stellen.

Für das Gemüse die Schalotten schälen, fein würfeln und in der Butter glasig anschwitzen. Sämtliches Gemüse bei mittlerer Temperatur 2–3 Minuten mitschwenken, danach mit Salz und Muskat würzen.

Für die Nudeln den Fischfond und das Wasser zusammen erhitzen. Die Schalotten und den Knoblauch schälen und fein würfeln. Beides in Olivenöl anschwitzen und mit einem Drittel des Fonds ablöschen. Die Bucatini zugeben und nach und nach mit heißem Fond aufgießen, bis dieser aufgebraucht ist. Dieser Vorgang dauert etwa 5–6 Minuten. Danach den jungen Spinat zugeben und mit dem Saft und dem Abrieb der Limette sowie feinem Salz und Pfeffer abschmecken.

Für die Meeresfrüchte die Krabbenbeine schräg in gleich große Stücke schneiden. Die Jakobsmuscheln sowie den Saint Pierre unter fließendem Wasser abspülen und mit Küchenkrepp abtupfen. Die Filets des Saint Pierre mittig halbieren. Die Butter in einer Pfanne sanft erhitzen und zuerst die Jakobsmuscheln darin anbraten. Nun den Fisch sowie die portionierten Krabbenbeine zugeben. Die Hitze erhöhen und für 3–4 Minuten anbraten. Die Meeresfrüchte mit Salz, Pfeffer würzen und wenden. Die Hitze komplett wegnehmen den jungen Knoblauch zugeben und für 2–3 Minuten ziehen lassen. Nochmals würzen.

Die Nudeln mit Hilfe eines Ringes auf den warmen Tellern mittig anrichten und sämtliches Gemüse darum verteilen. Die Heiligen Drei Könige dazu legen und mit dem vorbereiteten Gewürzöl verfeinern. Zum Schluss mit gezupftem Kerbel und Blattgold vollenden.

Biss in alle Ewigkeit
Die Geschichte der Nudel

S ie kann alles, sie passt zu allem, sie wird von allen geliebt und sie ist international. Und genau all diese herausragenden Eigenschaften sind auch ihr Problem. Die Würde ist Bürde, die unerträgliche Unerforschtheit ihrer zweifelhaften Herkunft ist Fluch und Segen zugleich. Denn die Nudel kommt von fast überall her, wird überall gegessen und wurde gleich an mehreren Orten auf der Welt erfunden. Wann genau, ist nicht bekannt, die Anfänge eines der wichtigsten Lebensmittel der Menschheitsgeschichte ist so gut wie nicht dokumentiert. Die frühesten Belege für die Herstellung stammen aus Ostasien von vor etwa 4000 Jahren. Ob das aber stimmt? Tatsächlich gibt es in Europa bereits seit der griechischen Antike nachweislich Nudelgerichte, und in etruskischen Gräbern fand man Abbildungen von Geräten zur Nudelherstellung. Klar, dass die auch nicht einfach vom Himmel gefallen sind wie eine Gabe Gottes. Auch berichtet der Geograph Al-Idrisi im 12. Jahrhundert, dass in Sizilien eine fadenförmige Speise aus Mehl in großen Mengen hergestellt werde. Aber auch China, Syrien, Afghanistan und Japan reklamieren die Erfindung für sich und – alles andere wäre auch eine Überraschung – wie immer rühren auch die alten Ägypter im Nudeltopf der Geschichte. Sogar Nudelfabriken soll es im Nildelta gegeben haben.

Dem Teig auf den Grund zu gehen, fällt auch aus einem anderen Grund schwer. Er wird – je nach Provenienz – aus allen möglichen Rohprodukten in den unterschiedlichsten Rezepturen hergestellt. Aus Weizen mit und ohne Eier (Deutschland), aus Hartweizengrieß (Italien), aus Stärke (Asien), aus Reismehl (China), aus Buchweizen- (Japan) und Kastanienmehl (Türkei und Österreich). Um die Verwirrung noch größer zu machen, begaben sich die jeweiligen Rezepte auch noch auf Wanderschaft und mutierten im Laufe der Jahrhunderte zu lokalen Spezialitäten. Ob in Korea oder Russland, ob in Thailand, Vietnam oder Amerika – dank der Erfindung, den Teig durch Trocknen lang haltbar zu machen, eignete er sich perfekt als Reiseproviant und damit auch als Handelsware.

Ethnisch hat sich die Nudel längst aus ihren lokalen Nischen gelöst und wurde zum globalen Grundnahrungsmittel. Eine vergleichbare internationale Karriere hat nur die Pizza geschafft. Man musste nicht mehr ins jeweilige Land reisen, um die Lust auf Nudel oder Pasta zu befriedigen, der virtuelle Urlaub begann beim „Italiener um die Ecke" oder beim „Chinesen" und dauerte allenfalls ein paar Stunden.

Als Heimatlose haben Nudeln nicht wie Weine einen Berg, dem sie zugeordnet werden können. Es fehlt die Scholle, die aus dem Gewöhnlichen das Besondere macht. Für die Esskultur hatte das zur Folge, dass der Nudel der Status der Belanglosigkeit anhaftet. Sie machte sich nicht rar, war im Gegenteil überall und in jeder Form erhältlich und galt daher in der

Es ist ein wahrhaft himmlisches Gericht, das – egal wo und wie es hergestellt wird – den Menschen größte Freude und vor allem Sättigung brachte. Nach einer Achterbahnfahrt durch alle gesellschaftlchen Schichten schaffte es die Nudel nach über 4000-jähriger Geschichte endlich zu weltweiter und klassenloser Anerkennung. Ob Patrizier oder Papst, ob Arzt oder Arbeiter – vor dem Nudelteller sind alle gleich.

Spitzengastronomie als nicht standesgemäß. Wenn man dann auch noch weiß, dass Pasta in Italien schon mit ein wenig Olivenöl und frisch geriebenem Parmesan als Delikatesse gilt, was soll an diesem Gericht noch raffiniert sein? Erst recht, wenn man bedenkt, dass man in Neapel noch im 19. Jahrhundert selbst Spaghetti nur mit den Händen gegessen hat. Nobel war daran weiß Gott nichts mehr, auch wenn nachweislich gefüllte Teigwaren für den Adel und den Klerus des Mittelalters als Inbegriff von Luxus galten. Früher wie heute grenzte sich die Oberschicht vom gemeinen Volk mit Genüssen ab, die sich nicht jeder leisten konnte. Exotische Gewürze, seltene Früchte, teure Weine, edle Rezepturen. Die Nudel hatte – und auch dies ist ein Beweis für ihre eigentlich tragische Geschichte – als lukullische Gourmandise längst ausgedient.

Ihre Rehabilitation war ebenso mühsam wie langwierig. Während Nudeln aus Asien ihren Status als Sättigungsbeilage beibehielten, hat es die europäische Nudelkultur doch wieder zu einer gewissen Anerkennung gebracht. Ein Grund dafür war, dass man vor einigen Jahren – vor allem in Italien und Deutschland – begann, den Nudelteig wieder selbst herzustellen, um das sinnliche Gefühl des Kochens nicht auf die schmückende Beilage oder Sauce zu reduzieren. Fertignudeln aus dem Supermarktregal waren zwar nicht verpönt, wurden aber als notwendiges Übel im Fastfood-Alltag hingenommen. Wenn die Gabel allerdings geadelt werden sollte, dann wurde und wird geknetet und gekurbelt, was der Teig hergibt. Und dies auch nicht mit irgenwelchen Maschinen. Der echte Nudelexperte achtet darauf, dass die Formdüsen aus Messing, Bronze oder Kupfer bestehen. Dadurch entsteht eine rauere Oberflächenstruktur, und die Sauce „haftet" besser am Teig. Derartige Spitzfindigkeiten haben aber auch schon im 18. Jahrhundert die großen Geister beflügelt, wie ein Zitat von Goethe aus seinem Aufenthalt im Jahr 1787 in Neapel beweist: „Die Nudeln sind von der feinsten und kleinsten Sorte. Am teuersten werden diejenigen bezahlt, die, nachdem sie in die Gestalt von gliedslangen Stiften gebracht sind, noch von spitzen Mädchenfingern einmal um sich selbst gedreht eine schneckenhafte Gestalt annehmen." Stark anzunehmen, dass der Dichterfürst nicht nur die Spirellis bezaubernd fand …

Historisch gesehen gibt es keine homogene Nudelgeschichte, und die Nudelkultur setzt sich aus vielen Teigstücken zusammen. Und dennoch, die kulinarisch entscheidenden Impulse setzten am Ende die Italiener, deren Rezepturen für den weltweiten Siegeszug der Nudel verantwortlich sind. Von Genua und Sizilien aus wurde die Welt seit dem Mittelalter mit getrockneter Pasta versorgt. Nach einer Achterbahnfahrt durch alle gesellschaftlichen Schichten – von der Speise der Reichen zum Essen der Armen; vom schnellen Snack der modernen Gesellschaft zurück auf die Teller der Genussmenschen, die aber nicht zwingend vermögend sein müssen – ist die Nudel oder wie auch immer sie heißen mag, angekommen. Als leckeres Lebensmittel, das vor allem eines ist: ein Alleskönner. Ob einfach oder kompliziert, ob herzhaft oder süß – jede Gabel weckt Assoziationen. Und ist ein Biss in alle Ewigkeit.

Asparagus nostra
Lasagne mit Spargel und Seeteufel

ZUBEREITUNG:

Den Nudelteig auf einer bemehlten Arbeitsfläche sehr dünn ausrollen und zwölf kreisrunde Teigplatten mit 8–10 cm Durchmesser ausstechen. Die Teigplatten in Wasser und Fischfond 3–4 Minuten kochen und sofort kalt stellen.

Für den Spargel den grünen und weißen Spargel der Länge nach halbieren und auf eine Länge (einschl. Kopf) von 8–10 cm kürzen. Den grünen Spargel in Rauten schneiden und beiseite stellen. Den weißen Spargel würfeln und in 25 g Butter anbraten. Mit Salz, Zucker würzen und dem Geflügelfond ablöschen. Mit Sahne aufgießen, aufkochen und mit einem Mixstab gründlich pürieren. Die restliche Butter schmelzen und die grünen und weißen Spargelspitzen sowie die Rauten langsam darin anschwitzen. Mit Salz, Honig und Zitronensaft abschmecken und mit schwarzem Pfeffer verfeinern.

Die Seeteufelfilets mit Curry und Meersalz würzen und für ca. 30 Minuten marinieren. Danach auf das getrocknete Fenchelkraut legen und im Backofen bei 65 °C Ober-/Unterhitze 25–30 Minuten sanft garen.

Für das Gemüse die Schalotten halbieren und in erhitztem Honig glasig anschwitzen. Sobald sich ein Belag am Topfboden abzeichnet, mit Salz würzen und Hitze reduzieren. Den Fenchel der Faser nach in Streifen schneiden und zugeben. Kurz mitgaren, mit Backpapier abdecken und für 8–10 Minuten ziehen lassen. Kurz vor dem Servieren die Granatapfelkerne zugeben und mit feinem Salz würzen.

Zum Schichten der Lasagne das weiße Spargelmus mittig auf die Teller streichen und die grünen und weißen Spargelspitzen abwechselnd mit Teigplatten und Mus zu jeweils 3 Schichten stapeln. Danach die Lasagne im vorgeheizten Backofen ca. 5 Minuten bei 80 °C Unterhitze fertig garen.

Zum Anrichten den Seeteufel in der Pfanne sanft in Butter nachbraten und mit Salz würzen. Die fertige Lasagne aus dem Ofen nehmen und mit Fenchelgrün garnieren. Jeweils zwei Tranchen Seeteufel darauf setzen und das Gemüse drum herum verteilen.

ZUTATEN FÜR 4:

Für die Lasagne:
siehe Rezept für Schichtnudeln S. 94
300 ml Fischfond
700 ml Wasser

Für den Spargel:
400 g grüner Spargel, dünn
200 g weißer Spargel
50 g Butter
feines Salz
Zucker zum Würzen
100 ml hellen Geflügelfond
100 ml Sahne
1 TL Blütenhonig
Saft 1 unbehandelten Zitrone
schwarzer Pfeffer a. d. Mühle

Für den Seeteufel:
2 Seeteufelfilets à 200 g
½ TL purple Curry
feines Meersalz
50 g getrocknetes Fenchelkraut

Für das Gemüse:
200 g Schalotten, geschält
1 EL Blütenhonig
200 g Fenchel, geputzt
Kerne von
½ Granatapfel

Zum Vollenden:
grünes Fenchelkraut

LASAGNE & LASAGNA

Der echte Nudelkenner beweist sich dadurch, dass er den Unterschied zwischen Lasagne und Lasagna kennt. Während Lasagne jene flachen Nudelplatten sind, aus denen man die Schichtaufläufe herstellt, ist die Lasagna eine breite, flache und an einer Seite gewellte Nudel. „Lasagna doppia ricca al nido" – bei dieser Nudel ist der Teig auf beiden Seiten gewellt und danach zum Nest (al nido) auf- gedreht und getrocknet.

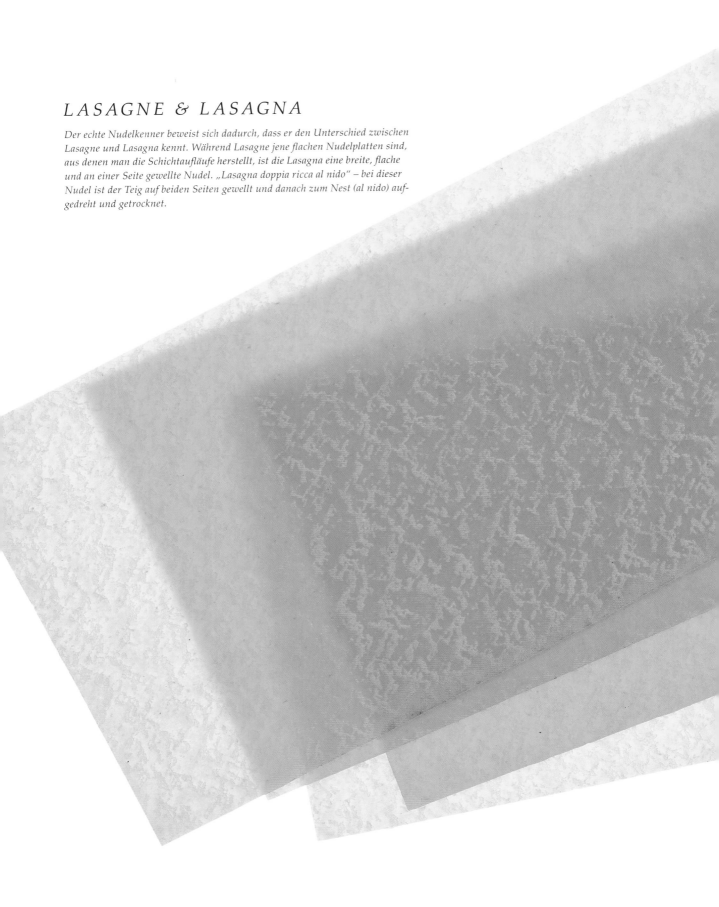

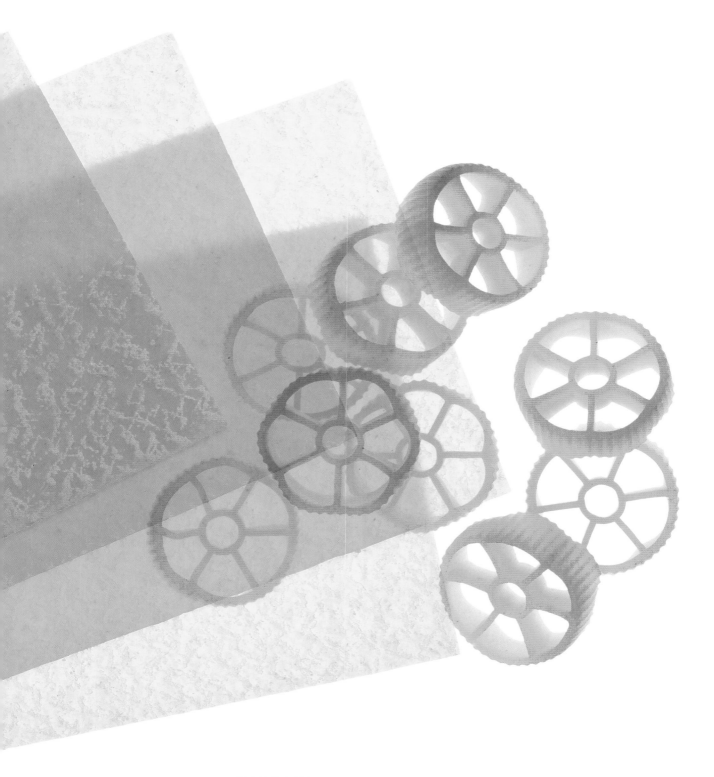

RUOTE

*Auch ein Pastamobil braucht Reifen: Ruote oder Rotelle bzw. die kleineren
Rotelline sehen einem Wagenrad ähnlich und werden als Einlage für den
berühmten Gemüseeintopf „Minestrone" verwendet.*

Manna Manna
Oblaten mit Kaviar und Trüffel

ZUTATEN FÜR 4:

Für die Oblaten:
½ Rezept Nudelteig (weiß) herstellen
½ Rezept Nudelteig (rot) ohne Wasser
mit 20 ml Holunder- oder Rote-Bete-
Saft herstellen (S. 92)
Mehl Typ 405 zum Bearbeiten
200 ml hellen Kalbsfond
200 ml Wasser
feines Salz

Für die Schinkenchips:
15 Scheiben Parmaschinken

Für den Sud:
2 Schalotten, gewürfelt
1 junge Knoblauchzehe, gewürfelt
2 Zweige Thymian
200 ml heller Kalbsfond
200 ml Wasser

Zum Vollenden:
100 g Crème fraîche
25 g schwarzer Trüffel, gehobelt
50 g Saiblingskaviar
1 Schale Gartenkresse
1 Blättchen Blattgold

ZUBEREITUNG:

Den weißen Nudelteig auf einer bemehlten Arbeitsfläche sehr dünn ausrollen und mit Hilfe eines 5-cm-Rings in 20 kleine Kreise ausstechen. Mit dem roten Nudelteig ebenso verfahren. Die fertigen Nudelteigoblaten auf einem bemehlten Backblech bereitstellen.

Den Schinken mit einem Ring (7 cm Durchmesser) in 40 kleine gleichmäßige Kreise ausstechen und beschwert zwischen Backpapier bei ca. 140 °C für 30–35 Minuten knusprig backen. Danach zum Abtropfen auf Küchenkrepp legen.

Für den Sud die restlichen Abschnitte des Schinkens ohne Fett zusammen mit Schalotten und dem Knoblauch in einem Topf bei mittlerer Temperatur 10–15 Minuten anschwitzen. Danach mit Wasser aufgießen und mit Kalbsfond auffüllen. Den Sud 15 Minuten ziehen lassen und durch ein feines Sieb geben, anschließend erneut erhitzen und die vorbereiteten Nudelteigoblaten sortenrein jeweils 3–4 Minuten bissfest garen. Anschließend leicht abtropfen lassen und jeweils eine Oblate auf einen Schinkenkreis legen.

Zum Vollenden die Oblaten nach Belieben mit Crème fraîche bestreichen und mit Trüffel und Kaviar belegen. Zum Schluss mit Gartenkresse und Blattgold garnieren.

Lass den Kelch (nicht) …
Cardinal de Mer mit Pfaffenhüten

ZUTATEN FÜR 4:

Für die Pfaffenhüte:

1 Rezept Nudelteig abwiegen
(siehe Rezept für Tortellini S. 96)
1 Päckchen Sepia (Tintenfischfarbe)

Für die Füllung:

200 g geräucherte Forelle
2 Büffelmozzarella
1 Schalotte, geschält
Abrieb und Saft von
1 Limette
Chili a. d. Mühle
2 EL Schnittlauchröllchen

ZUBEREITUNG:

Den Nudelteig auf einer bemehlten Arbeitsfläche dünn ausrollen. Anschließend in 6 × 6 cm große Quadrate schneiden und zur Seite legen.

Für die Füllung die Forelle, den Mozzarella und die Schalotten würfeln und miteinander vermengen. Den Abrieb und Saft der Limette dazugeben, mit Chili abschmecken und den klein geschnittenen Schnittlauchröllchen verfeinern.

Die Seitenränder der vorbereiteten Quadrate mit feuchtem Küchenkrepp abtupfen, danach in die Mitte eine walnussgroße Portion der Füllung geben und den Teig zu Dreiecken falten. Die angefeuchteten Ränder durch Andrücken gut miteinander verkleben. Die so entstandenen Dreiecke mit der geschlossenen Seite nach unten mittig auf das obere Ende eines Zeigefingers legen. Die beiden nach links und rechts stehenden Ecken nach unten und zusammendrücken. Die fertigen Nudeln abstreifen und fortfahren, bis 8–12 in etwa gleich große Pfaffenhüte entstehen.

Weiter auf Seite 32   >>

... an mir vorübergehen!

Cardinal de Mer mit Pfaffenhüten

<<   Fortsetzung von Seite 30

Cardinal de Mer:

2 Hummer à 600–800 g,
küchenfertig, vorgegart
20 ml Pflanzenöl
200 g Schalotten, gewürfelt
½ junge Knoblauchknolle
600 g Wurzelgemüse, gewürfelt
50 g Butterschmalz
200 g Tomaten
50 g Tomatenmark
100 ml Weißwein
100 ml Vermouth
1 l Fischfond
4 Zweige Thymian
2 Lorbeerblätter,
2 getrocknete Chilischoten,
1 TL Piment
feines Salz
150 g eiskalte Butter, gewürfelt

Zum Vollenden:

4 Zweige frische Kräuter
(z. B. Oregano, Thymian etc.)
300 ml Fischfond
500 ml Wasser

Für den Sud die vorgekochten Hummer ausbrechen und von Kopf und Schalen befreien. Den Rücken leicht einschneiden und den Darm entfernen. Die Scheren ebenso ausbrechen. Danach das Hummerfleisch unter fließendem Wasser abspülen und auf Küchenkrepp legen. Die Schalen sorgfältig trocknen und auf ein Backofenblech legen. Mit Pflanzenöl mischen und im Backofen bei 160 °C Heißluft für ca. 25–30 Minuten hellbraun rösten.

In der Zwischenzeit den Butterschmalz in einem breiten Topf erhitzen und die Schalotten sowie das Wurzelgemüse darin langsam goldbraun rösten. Die Tomaten putzen, würfeln und zusammen mit dem Tomatenmark zugeben. Nun so lange rösten, bis sich ein hellbrauner Belag am Topfboden abzeichnet. Mit Weißwein ablöschen. Vermouth zugeben und mit Fischfond aufgießen. Die gerösteten Krustentierschalen, Thymian, Lorbeerblätter, Chilischoten zugeben und bei mittlerer Temperatur für 1 Stunde reduzieren. Anschließend den aromatischen Sud durch ein feines Sieb laufen lassen, mit Salz abschmecken und die eiskalte Butter Stück für Stück mit einem Schneebesen einrühren. Achtung: Der Sud darf nicht mehr kochen, da sich ansonsten die Butter vom Sud trennt!

Für die fertigen Pfaffenhüte den Fischfond zusammen mit dem Wasser zum Kochen bringen und 5–6 Minuten bissfest garen. Den Hummer portionieren und im fertigen Sud 2–3 Minuten erwärmen. Zum Vollenden den Sud in 4 warme tiefe Teller geben und jeweils 2–3 Pfaffenhüte hineinstellen. Den Hummer zugeben und mit frischem Oregano garnieren.

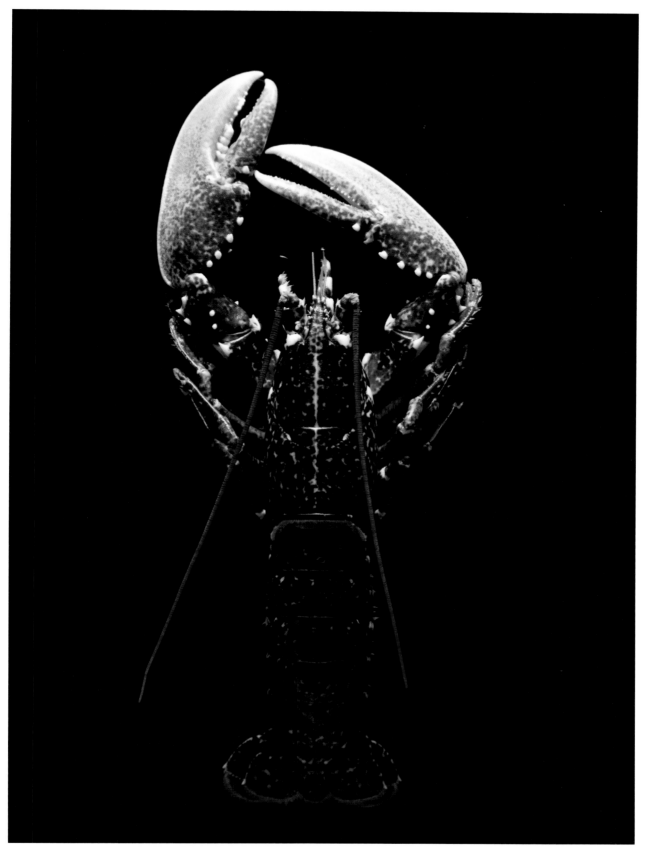

OLUSCULA

Gemüse

In heiligen Schriften ist Gemüse eher Mangelware, obwohl dessen Anbau schon in frühester Zeit bekannt war, wie Zitate beweisen. Der Schöpfungsbericht spricht von jungem Grün und zartem Kraut, präzisiert allerdings nicht, ob es sich dabei nur um Viehfutter gehandelt hat oder um Gemüse, das für den menschlichen Verzehr gedacht war. Gurken, Lauch, Zwiebeln und Knoblauch kannte man jedenfalls schon zu biblischen Zeiten, und im alten Rom war ein Essen ohne Grünzeug einfach undenkbar.

Und letztlich – am Anfang aller Grundnahrungsmittel war der Weizen. Sicher, es ist kein Gemüse. Aber auch ein Produkt der Natur. Und: ohne Weizen keine Zivilisation, ohne Weizen keine Nudeln.

Der Teufel trägt Pasta
Pennette Diavolo

ZUTATEN FÜR 4:

Für die Nudeln:

*Ein Rezept Nudelteig in zwei Teilen
abwiegen (siehe Rezept für Hartweizennudeln S. 92)*

*½ Rezept Nudelteig (weiß) herstellen
½ Rezept Nudelteig (schwarz) herstellen mit 1 Pck. Sepia (Tintenfischfarbe)*

Für den Lardo-Salami-Knusper:

*200 g Lardo (durchwachsener
italienischer Speck)
100 g scharfe Salami*

Für die Sauce:

*4 Schalotten
8 junge Knoblauchzehen
3 Peperoni, rot
ausgelassenes Fett von grünem Speck
½ TL Zucker
1 EL Tomatenmark
500 ml Tomatenpüree
500 g Strauchtomaten
Chili a. d. Mühle
Zimt, gerieben
1 EL Akazienhonig
feines Salz*

Zum Vollenden:

Thymian, jung

ZUBEREITUNG:

Jeweils den schwarzen und den weißen fertigen Nudelteig mit Hilfe einer Küchen- oder Nudelmaschine zu ca. 3–4 cm langen Pennette verarbeiten und auf ein großzügig bemehltes Backblech legen.

Für den Knusper den Speck in sehr feine Würfel schneiden und bei mittlerer Hitze ohne Fett in einer Pfanne langsam knusprig ausbacken. Den knusprigen Speck herausnehmen, auf Küchenkrepp abtropfen lassen und beiseite stellen. Das ausgelassene Fett auffangen. Die Salami der Länge nach hauchdünn aufschneiden und auf ein mit Backpapier ausgelegtes Backblech legen. Im Ofen bei 160 °C ca. 10–12 Minuten knusprig backen und ebenfalls zur Seite stellen.

Für die Sauce die Schalotten und den Knoblauch halbieren und fein würfeln. Die Peperoni der Länge nach halbieren, das Kerngehäuse entfernen und ebenfalls würfeln. Das ausgelassene Fett des Lardos erhitzen und die Schalotten, den Knoblauch sowie die Peperoni darin langsam anbraten. Mit dem Zucker bestreuen, Tomatenmark zugeben und am Topfboden leicht abbrennen lassen. Mit Tomatenpüree aufgießen und die gewürfelten Tomaten zugeben. Das Ganze zu einem Sugo auf die Hälfte einkochen und mit Salz abschmecken.

Die vorbereiteten Pennette in reichlich gesalzenem, kochendem Wasser 3–4 Minuten bissfest garen.

Die scharfe Sauce auf die vier vorgewärmten Teller streichen und die Nudeln darauflegen. Mit dem krossem Speck und den Salami-Chips verfeinern und mit jungem Thymian vollenden.

PENNE

Hierbei handelt es sich um röhrenförmige, schräg abgeschnittene Nudeln. Abgeleitet wurde die Bezeichnung vom Wort „Penna", dem italienischen Wort für Schreibfeder. Diese wurden früher aus schräg abgeschnittenen Gänsekielen hergestellt. Die Penne gibt es als glatte Penne lisce, doch am meisten wird die Penne rigate verwendet, da an ihrer rauhen Oberfläche die Sauce besser haftet. Für alle, die gerne in die Röhre schauen, gibt es sie auch als Penne doppie rigaturate (innen und außen aufgerauht oder geriffelt).

LINGUINE

Linguine sind eine Nudelwissenschaft für sich. Ob Nummer 7, 10 oder 12 – Kenner behaupten, die jeweiligen Breiten schmecken alle völlig unterschiedlich. Linguine verdanken ihren Namen übrigens dem leicht gewölbten Querschnitt, der einer menschlichen Zunge ähnelt.

Lobet den Kern!

Gefüllte Nudel mit grünen Bohnen und Portulak

ZUBEREITUNG:

Den Nudelteig auf ca. 0,5 mm Dicke ausrollen und mit einem ca. 6 cm großen Metallring ausstechen, sodass 24 gleich große Teigplatten entstehen. Diese in reichlich gesalzenem, kochendem Wasser 1–2 Minuten bissfest blanchieren und ohne Öl nebeneinander zum Auskühlen auf Backpapier legen.

Für die Füllung den Schinken, die Schalotten und den Knoblauch in möglichst feine Würfel schneiden. Den Mozzarella ebenso fein würfeln. Aus Schinken, Schalotten, Knoblauch, Mozzarella, Ricotta, Eigelben, Saft und Zitronenabrieb eine kompakte Masse herstellen. Mit Salz und Pfeffer abschmecken und mit geschnittener Blattpetersilie verfeinern.

Nun vier feuerfeste Förmchen mit jeweils 6 cm Durchmesser und 4–5 cm Höhe mit Olivenöl einfetten. Dann je 5 Teigblätter leicht übereinander lappend, fächerförmig am Rand entlang hineinlegen, sodass sie ca. 2 cm über den Rand hinausragen. Ein Nudelteigblatt als Boden hineinlegen. Danach die Füllung dazugeben und die überstehenden Seiten einschlagen. Die Förmchen ins Wasserbad stellen und im Backofen bei 150 °C Ober-/Unterhitze 25 Minuten garen.

Zum Überbacken die Butter zusammen mit dem Knoblauch in der Pfanne leicht bräunen, die fertigen Nudel-Timbal aus der Form stürzen. Mit Parmesan bestreuen und unter dem Backofengrill bei ca. 200 °C kurz überbacken.

Die breiten Bohnen mit einem Spargelschäler der Länge nach dünn abschälen. Das Öl der getrockneten Tomaten auffangen und die Tomaten fein würfeln. Die Schalotten, den Knoblauch und die Chilischote fein würfeln und bei niedriger Temperatur im aufgefangenen Tomatenöl anschwitzen. Bohnenstreifen 3–5 Minuten mitgaren. Die Tomaten und den Honig dazugeben und den Portulak kurz mitschwenken und in 4 tiefe, vorgewärmte Teller geben.

Die gefüllten Nudeln mittig platzieren und rasch servieren.

ZUTATEN FÜR 4:

Für die Nudeln:
Nudelteig herstellen
(siehe Rezept für Schichtnudeln S. 94)

Für die Füllung:
50 g Prosciutto
2 Schalotten, geschält
1 junge Knoblauchzehe, geschält
100 g Büffelmozzarella
100 g Ricotta
2 Eigelbe (von Eiern der Größe M)
Saft und Abrieb von
1 unbehandelten Zitrone
feines Salz
schwarzer Pfeffer a. d. Mühle
½ Bund feine Blattpetersilie
Olivenöl zum Einfetten der
Förmchen

Zum Überbacken:
50 g Butter
2 Knoblauchzehen
25 g Parmesan, gerieben

Für die Bohnen:
200 g breite Bohnen, geputzt
2 Schalotten, geschält
2 junge Knoblauchzehen, geschält
½ rote Chilischoten, entkernt
50 g in Öl eingelegte und
getrocknete Tomaten
1 TL Honig
50 g Portulak, geputzt

Eilige Mutter

Spaghettini ohne Wasser mit Kräuterseitlingen

ZUTATEN FÜR 4:

Für die Nudeln:
Nudelteig herstellen
(siehe Rezept für Hartweizen-
nudeln S. 92)

Für die Kräuterseitlinge:
200 g kleine Kräuterseitlinge
2 Schalotten
2 Knoblauchzehen
50 g Butter
schwarzer Pfeffer a. d. Mühle
Salz
Zesten von 1 eingelegten Salz-
zitrone (kann man auch weglassen)

Für die Spaghettini:
2 Schalotten
20 ml Olivenöl
500 ml Geflügelfond

Zum Vollenden:
4 Zweige Oregano

ZUBEREITUNG:

Den fertigen Nudelteig mit Hilfe einer Küchen- oder Nudelmaschine zu ca. 20 cm langen Spaghettini verarbeiten und auf ein großzügig bemehltes Backblech legen.

Die Kräuterseitlinge mit einem Pinsel behutsam abbürsten und der Länge nach halbieren oder vierteln. Schalotten und Knoblauch in feine Würfel schneiden. Die Butter leicht erhitzen und die Kräuterseitlinge bei mittlerer Temperatur langsam goldbraun anbraten. Die gewürfelten Schalotten und den Knoblauch mit anbraten und mit Salz und Pfeffer würzen. Mit den Zesten von einer eingelegten Salzzitrone verfeinern und die Hitze vollständig wegnehmen.

Die Schalotten für die Spaghettini in feine Würfel schneiden und im leicht erhitzten Olivenöl glasig anbraten. Mit ca. 300 ml heißem Geflügelfond aufkochen und die Spaghettini hineingeben. Weiterkochen lassen und nur gelegentlich durchschwenken. Nun die Nudeln 6–8 Minuten lang nach und nach mit dem restlichen Fond aufgießen, bis dieser komplett aufgebraucht ist. Danach die fertigen Pilze kurz durchschwenken und mit frischem gezupftem Oregano verfeinern.

Ego et absurdum
Nudeln und Leidenschaften der Päpste

Bonifatius VIII. (Pontifikat von 1294 bis 1303) war einer jener Päpste, die es mit der Moral nicht ganz so genau nahmen. Ihm wird zum Beispiel das Zitat nachgesagt, „körperliche Lust ist auch nicht sündiger als Händewaschen". Und – auch dies ist von diesem unheiligen Vater überliefert – er aß für sein Leben gern Nudelaufläufe. Je mehr Lagen, desto besser. Über zwölf sollen es gewesen sein: Nudeln, Leber, Pilze, Nudeln, Trüffel, Schinken – das Ganze zweimal übereinander. Den Mund ziemlich voll nahm auch Paul III. (1534 bis 1549), der als wahrer Nudelpapst in die Geschichte eingegangen sein dürfte. Als Sohn einer adligen Familie aus Parma gehörten gefüllte Ravioli, Agnolotti und Tortellini zum Selbstverständnis seines Lebens in Demut und Bescheidenheit. Julius III. (1550 bis 1555) ließ gebratene Pfauen auf einem Nudelbett servieren. Sein Nachfolger, Paul IV. (1555 bis 1559), war gar so gefräßig, dass er sein 10-gängiges Menü gleich zweimal nacheinander auftischen ließ. Paul V. (1566 bis 1572) hatte den in der Kirchengeschichte wohl berühmtesten Koch des Heiligen Stuhls angeheuert. Bartolomeo Scappi gilt immer noch als der Architekt der italienischen Küche schlechthin. Ihm verdankt das Mittelalter nicht nur völlig neue Geschmackserlebnisse, sondern die Kochliteratur das Standardwerk „I segreti della Cucina". Für das Geheimnis der in Nudelteig verhüllten Fleischbällchen begingen die Päpste schon mal die Sünde, sich selbst dann der Fleischeslust hinzugeben, wenn es laut kirchlicher Regularien eigentlich verboten war, z. B. an Freitagen oder in der Fastenzeit. Als Gottesbescheißerle dienten etwa in der gleichen Ära die schwäbischen Maultaschen demselben Zweck. Fest steht, dass Scappis überlieferte Rezepte vor allem den reichen Haushalten mit höfischem Zeremoniell vorbehalten waren. Ob es ihnen gut bekam, kann zumindest bezweifelt werden, denn der Nudel sprach man keine guten Eigenschaften zu. Während sich lange das Gerücht hielt, sie verursachten Nierensteine, beharrte der im Mittelalter legendäre Arzt Michele Savonarola aus Padua auf der These, die Pasta blieben zu lange im Bauch und verursachten „unangenehme Winde". Dass dies bei der allzu (h)eiligen Zubereitung durchaus passieren kann, davon kann sich jeder selbst bei einem Besuch im Vatikan überzeugen. Die touristische Kantine neben den elysischen Gärten oberhalb von San Pietro gilt nicht ohne Grund als erster Kreis der Hölle. Pampa-Pasta zum Wucherzins markieren mit Sicherheit eine gewaltige Hürde auf dem Weg zur Unsterblichkeit. Absolution unmöglich. Im Archiv der Heiligenkongregation dürfte die dort servierte Kost sicher nicht als Wundernahrung vorkommen. Wer papabile Nudeln speisen möchte, geht besser ins Hotel Columbus in der Via della Conciliazone. Im ehemaligen Kloster der Ritter des heiligen Grabes von Jerusalem gibt es auch Abendmahle. Bleibt nur zu hoffen, dass dort wenigstens ein echter Fresspapst die Pasta kocht.

Dass heilige Väter keine Kostverächter sind, muss nicht tiefer erörtert werden. Einige galten als wahre Feinschmecker vor dem Herrn. Selbst der gestrenge Pius XII. (1939 bis 1958) verbarg unter seinem wallenden Gewand schon mal ein gutes Fläschchen Rotwein, was zusammen mit Pasta als wahrhaft heilige Allianz gilt. Auch der deutsche Papst Benedikt XVI. (2005 bis 2013) ging mittags gerne in die Nudelpause.

Parmigiano XVI.
Käsemakkaroni

ZUBEREITUNG:

Den fertigen Nudelteig mit Hilfe einer Küchen- oder Nudelmaschine zu ca. 3–4 cm langen Makkaroni verarbeiten und auf ein großzügig bemehltes Backblech legen.

Für das Pimentöl den Rucola in sehr feine Streifen schneiden. Die Pimentkörner zusammen mit Chili ohne Fett in der Pfanne rösten, bis sie ein intensives Aroma verströmen. In einem Mörser zusammen mit dem Rucola und dem Olivenöl gründlich zerstoßen. Das Ganze mind. 20 Minuten ziehen lassen. Anschließend durch ein feines Sieb streichen und beiseite stellen.

Für den Schinkensud die Schalotten und den Knoblauch würfeln und mit dem in feine Streifen geschnittenen Schinken bei langsam ansteigender Hitze ohne Fett anschwitzen. Mit Milch aufgießen und mit Chili a.d. Mühle und Salz würzen. Den Sud für ca. 15–20 Minuten bei mittlerer Temperatur ziehen lassen.

Für die Schinkenchips die 4 Scheiben San Daniele Rohschinken zwischen Backpapier beschwert im Backofen bei 160 °C Ober-/Unterhitze ca. 10–15 Minuten knusprig backen. Danach auf Küchenkrepp abtropfen lassen.

Die vorbereiteten Nudeln in reichlich kochendem, gesalzenem Wasser 4–5 Minuten bissfest garen. In der Zwischenzeit den Schinkensud durch ein Sieb laufen lassen und die Hälfte in einem breiten flachen Topf aufkochen. Die fast garen Nudeln im Sud durchschwenken und den Rucola zugeben. Das Ganze auf vier vorgewärmte Teller verteilen, mit Parmesan bestreuen und Pimentöl verfeinern. Nach Geschmack mit Salz abschmecken. Zum Schluss den restlichen Schinkensud mit einem Mixstab aufschäumen und auf die Teller verteilen.

ZUTATEN FÜR 4:

Für die Nudeln:
*Nudelteig herstellen
(siehe Rezept für Hartweizennudeln S. 92)*

Für das Pimentöl:
*3 Pimentkörner
1 kleine getrocknete rote Chilischote
50 g Rucola, geputzt
150 ml mildes Olivenöl*

Für den Schinkensud:
*4 junge Knoblauchzehen, geschält
2 Schalotten, geschält
50 g San Daniele Rohschinken
400 ml Vollmilch
Chili a. d. Mühle
feines Salz*

Für die Schinkenchips:
4 große Scheiben San Daniele

Zum Vollenden:
*25 g Rucola
50 g Parmesan, gehobelt*

David und Kohlenhydrat
Dicke Bohnen mit Pappardelle

ZUTATEN FÜR 4:

Für die Nudeln:
½ Rezept Nudelteig (weiß) herstellen
½ Rezept Nudelteig (rot) mit
10–20 ml Rote-Bete-Saft herstellen
(siehe Rezept für Hartweizen-
nudeln S.92)

Für den Sud:
4 Schalotten
4 Knoblauchzehen
50 g Butter
200 ml Weißwein
500 ml heller Geflügelfond
200 g feine Tomatenwürfel
200 g dicke Bohnen, geputzt

2 Zweige Estragon
4 Zweige Oregano
½ Bund Kerbel
100 g eiskalte Butter, gewürfelt
Chili a. d. Mühle
Saft von 1 Limette

Zum Vollenden:
frische Kräuter
(z. B. Oregano, Kerbel oder Basilikum)

ZUBEREITUNG:

Die beiden Nudelteige auf einer bemehlten Arbeitsfläche sehr dünn ausrollen und mit einem Pizza-Rad in ca. 2 cm breite und 20 cm lange Streifen schneiden.

Für den Sud die Schalotten und den Knoblauch in feine Würfel schneiden und in der Butter langsam glasig anschwitzen. Mit Weißwein ablöschen, auf die Hälfte reduzieren und mit Fond aufgießen. Den Sud bei mittlerer Temperatur 15–20 Minuten köcheln lassen.

Die fertigen Nudeln zugeben und 4–5 Minuten im aromatisierten Sud bissfest garen.

Danach Tomaten und dicke Bohnen hinzugeben und die Hitze reduzieren. Die Kräuter von den Stielen zupfen und ebenfalls zugeben. Nun die eiskalte Butter nach und nach einrühren, aber nicht mehr kochen lassen. Zum Schluss mit Chili a. d. Mühle und Limettensaft abschmecken.

Zum Anrichten die bunten Pappardelle in die vorgewärmten Teller verteilen und mit frischen Kräutern vollenden.

CARNES

Fleisch

Mit folgender Textstelle aus dem Ersten Buch Mose begründen viele bibeltreue Menschen ihren Vegetarismus. „Dann sprach Gott: Hiermit übergebe ich euch alle Pflanzen auf der ganzen Erde, die Samen tragen, und alle Bäume mit samenhaltigen Früchten. Euch sollen sie zur Nahrung dienen." (Gen 1,29).

Da an dieser Stelle nicht explizit erwähnt wird, dass auch Tiere als Nahrung dienen sollen, hält sich die Auffassung, dass der Mensch auf Gottes Geheiß hin eigentlich vegetarisch leben sollte. Vielleicht hatte Moses nur die folgenden Seiten nicht gesehen. Sie hätten ihn bestimmt in seiner Auffassung bekehrt.

Knobi et Orbi
Agnolotti Vaticano mit Paprika-Sugo

ZUBEREITUNG:

Für die Füllung der Agnolotti das Fleisch des Kaisergranats würfeln. Das Maishähnchenfleisch ebenso klein schneiden. Die Schalotten und den Knoblauch schälen und sehr fein würfeln. Aus Kaisergranat, Maishähnchen, gewürfelten Schalotten, Knoblauch, Lardo, Ricotta, Mandeln und Zitronenabrieb eine kompakte Masse herstellen. Anschließend kräftig mit Salz und Chili abschmecken.

Den Nudelteig auf einer bemehlten Arbeitsfläche sehr dünn ausrollen. Mit einem Esslöffel 20 kleine Portionen der Füllung mittig in einer Reihe auf dem Nudelteig verteilen. Dabei immer 2 cm Abstand zur nächsten Portion lassen. Rund um die Füllung den Teig mit feuchtem Küchenkrepp abtupfen und den Nudelteig der Länge nach von oben nach unten über die Füllung einschlagen. Anschließend andrücken und mit einem 6-cm-Ring ausstechen, sodass auf einer Seite eine kleine gerade Fläche entsteht. Diese anschließend nur noch zusammendrücken.

Für den Paprika-Sugo die Paprika vierteln, den Strunk und das Kerngehäuse entfernen. Thymian, Salz und reichlich Olivenöl über das Backblech geben und die Paprika mit der Hautseite nach oben darauflegen. Im vorgeheizten Ofen bei 160 °C Ober-/Unterhitze 17–20 Minuten garen. Danach mit einem zweiten Backblech beschweren und für etwa 10 Minuten ruhen lassen. Anschließend die Haut einfach abziehen und die geschmorte Paprika würfeln. Die Schalotten und den Knoblauch fein würfeln und in mildem Olivenöl glasig anschwitzen. Das Tomatenmark zugeben, leicht am Topfboden anbrennen lassen und mit Geflügelfond aufgießen. Gezupften Oregano und Angelika zugeben und mit feinem Salz sowie Chili abschmecken. Zum Schluss die geschmorten Paprikawürfel zugeben.

Zum Kochen der Agnolotti Fond und Wasser zum Kochen bringen, mit Salz abschmecken und 6–8 Minuten bissfest garen. Zum Anrichten die Tomaten und die Erbsen kurz unter den Paprika-Sugo schwenken und mithilfe eines 12-cm-Rings mittig auf die vorgewärmten Teller platzieren. Anschließend jeweils 5 Agnolotti kreisrund auflegen und mit Oliven, gezupftem Kerbel und gehobeltem Parmesan vollenden.

ZUTATEN FÜR 4:

Für die Nudeln:
*½ Rezept Nudelteig herstellen
(siehe Rezept für Ravioli S. 96)*

Für die Füllung:
*200 g Kaisergranat
200 g Maishähnchenfleisch
1 Schalotte, 2 Knoblauchzehen
25 g Lardo, gewürfelt
100 g Ricotta
25 g Mandeln, geröstet, zerstoßen
Abrieb von 1 Zitrone
Salz
Chili a. d. Mühle*

Für den Paprika-Sugo:
*6 rote Paprika
4 Zweige Thymian
grobes Meersalz
25 ml Olivenöl
2 Schalotten
2 Knoblauchzehen
1 TL Tomatenmark
200 ml heller Geflügelfond
2 Zweige Oregano, abgezupft
50 g kandierte Angelika, gewürfelt
Chili a. d. Mühle*

Zum Vollenden:
*200 ml heller Geflügelfond
500 ml Wasser
50 g Tomaten, gewürfelt
50 g Erbsen, blanchiert
4 grüne Oliven
Kerbel
20 g Parmesan, gehobelt*

Mea pulpa
Kaninchen-Cannelloni mit Waldpilzen

ZUTATEN FÜR 4:

Für den Nudelteig:

½ Rezept Nudelteig (weiß) herstellen
½ Rezept Nudelteig (schwarz) mit
1 Päckchen Sepia (Tintenfischfarbe)
herstellen (siehe Rezept für
Schichtnudeln S. 94)

Für die Kaninchenkeulen:

4 rote Zwiebeln
4 Knoblauchzehen
500 g Wurzelgemüse
(Möhren, Sellerie, Petersilienwurzel,
Steckrübe)
2 Kaninchenkeulen, küchenfertig,
(ohne Fett und Sehnen)
Meersalz
Olivenöl zum Braten
200 ml Weißwein, trocken
1 l heller Geflügelfond
1 Stange Zimt
1 langer Pfeffer, zerstoßen
1 Lorbeerblatt
1 TLw Korianderkörner
50 g eiskalte Butter

ZUBEREITUNG:

Den hellen Nudelteig auf ca. 0,5 mm ausrollen. Den schwarzen Nudelteig ebenso dünn ausrollen und in ca. 20 cm breite Teigplatten schneiden. Anschließend mit Hilfe einer Nudelmaschine oder eines Pizza-Rads in 0,5–0,7 cm breite Streifen schneiden. Danach den hellen Nudelteig mit Küchenkrepp anfeuchten. Die schwarzen Nudelteigstreifen zuerst waagerecht, dann senkrecht mit Abstand zu einem Gittermuster auflegen und den ganzen Teig erneut dünn ausrollen.

Den Teig in ca. 8 × 8 cm gleich große Rechtecke schneiden, sodass 4–8 Teigplatten entstehen. Diese in reichlich gesalzenem, kochendem Wasser 1–2 Minuten bissfest blanchieren und ohne Öl nebeneinander zum Auskühlen auf Backpapier legen.

Zum Schmoren des Kaninchenfleischs die Zwiebeln, den Knoblauch und das Wurzelgemüse in walnussgroße Stücke schneiden. Die Keulen mit Meersalz würzen. Das Olivenöl leicht erhitzen und das geschnittene Gemüse darin anbraten. Mit Weißwein ablöschen und mit Geflügelfond aufgießen. Aufkochen lassen, die Gewürze zu den Kaninchenkeulen geben und das Ganze mit Backpapier zugedeckt bei 140 °C circa 45 Minuten ziehen lassen. Alle 15 Minuten wenden.

Die fertigen Keulen aus dem Sud nehmen, leicht auskühlen lassen und von den Knochen zupfen. Den Sud durch ein feines Sieb laufen lassen und das Wurzelgemüse beiseite stellen. Den Saucenansatz auf die Hälfte reduzieren. Die kalte Butter nach und nach in den Sud einrühren, dabei aber nicht mehr aufkochen lassen, und das Wurzelgemüse sowie das Kaninchenfleisch wieder zugeben und warm stellen.

Weiter auf Seite 56   >>

Kaninchen-Cannelloni mit Waldpilzen

<<   *Fortsetzung von Seite 54*

Für die Füllung:

25 g Butterschmalz
200 g gemischte Pilze, geputzt
(z. B. Austernpilze, Enokipilze,
Shiitakepilze, braune Champignons)
2 Zweige Thymian, gezupft
100 ml Sahne
Zimt, gerieben

Zum Vollenden:

2 Kaninchenrücken. küchenfertig, ohne
Fett und Sehnen
10 g Butterschmalz
200 g grünes Gemüse. blanchiert
(z. B. Erbsen, Zuckerschoten, Bohnen)
100 g Himbeeren
50 ml Himbeersauce
essbare Blüten

Für die Füllung das Butterschmalz in der Pfanne erhitzen, die Pilze darin anbraten und den gezupften Thymian zugeben. Mit Salz, Pfeffer und Thymian würzen und mit Sahne aufgießen. Anschließend 2–3 Minuten reduzieren, Hitze wegnehmen und mit Zimt abschmecken. Nun jeweils eine Portion der zubereiteten Pilze auf die Unterseite der Teigplatten geben und von unten nach oben zur Cannelloni aufrollen. Dann nebeneinander in eine feuerfeste Form legen und mit Alufolie abdecken. Restlichen Sahnesud zugeben und bei 60 °C Ober-/Unterhitze warm stellen.

Die Kaninchenrücken schräg in Stücke schneiden. Das Butterschmalz in der Pfanne erhitzen, die Stücke mit Salz würzen und von beiden Seiten 1–2 Minuten anbraten. Danach das Gemüse zugeben und kurz mitgaren. Zum Schluss mit Salz, Pfeffer und Zimt würzen.

Zum Servieren das geschmorte Kaninchen auf die Teller platzieren und die Cannelloni darauflegen. Seitlich davon das Gemüse und die Himbeeren anrichten. Zum Vollenden die Blüten und die Himbeersauce je nach Lust und Laune dekorieren.

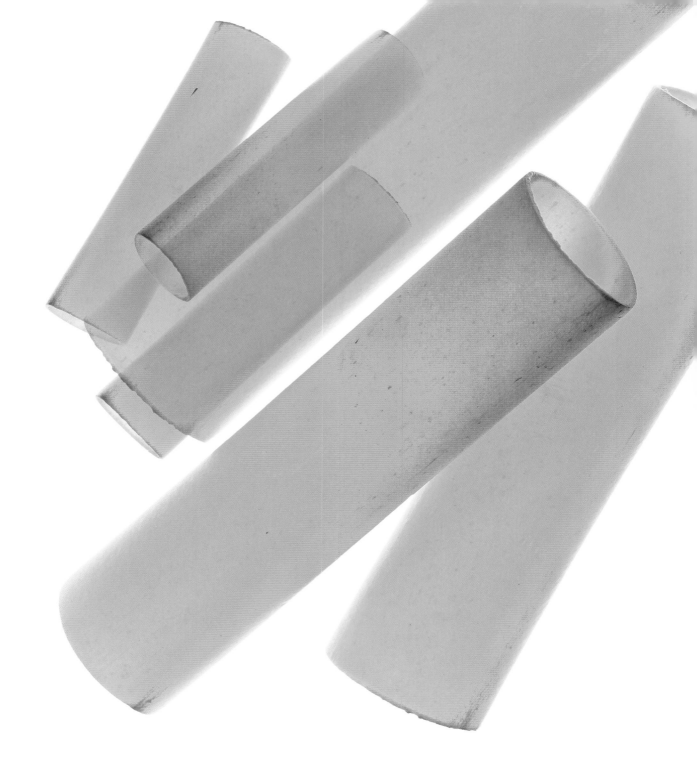

CANNELLONI

*Cannelloni sind männliche Nudeln, was man an der Endung mit i erkennen
kann – im Gegensatz zu den weiblichen Pasta, die mit a und e enden. Alle
anderen Assoziationen wären eher anzüglicher Natur, auch wenn die Endung
-oni grundsätzlich für einen größeren Durchmesser und mehr Länge steht.*

Bis der Sud euch scheidet

Raviolo mit Brathähnchen im Geflügelsud

 З U T A T E N   F Ü R   4 :

Für den Geflügelsud:
1 Brathähnchen ca. 800 g–1 kg
2 l kalter Geflügelfond
4 Schalotten
200 g Knollensellerie
200 g Petersilienwurzel
200 g Lauch
3 Eiweiß
2 Lorbeerblätter
4 Wacholderbeeren
2 Kardamom-Kapseln
1 kleine getrocknete Chilischote
grobes Meersalz
4 cl Sherry, dry

Für die Füllung:
Hähnchenbrust,
Kaninchenkeulen, gezupft
2 Eigelbe
4 junge Knoblauchzehen, gewürfelt
25 g Pinienkerne, geröstet
50 g getrocknete Tomaten, gewürfelt
150 g Ricotta
1 TL Speisestärke
Saft 1 Limette
Chili a. d. Mühle

Für den Nudelteig:
¼ Rezept Nudelteig (grün)
½ Rezept Nudelteig (weiß)
¼ Rezept Nudelteig (schwarz)
¼ Rezept Nudelteig (rot)

(siehe Rezept für Ravioliteig S. 96)

Zum Vollenden:
feiner Basilikum

Z U B E R E I T U N G :

Für das Brathähnchen die Keulen und Brust herauslösen. Die Haut abziehen, und auf ein mit Backpapier ausgelegtes Backblech ausbreiten und beschwert im Ofen bei 160 °C Ober-/Unterhitze 12–15 Minuten knusprig backen. Anschließend auf Küchenkrepp abtropfen lassen und fein würfeln. Die Brust von Fett und Sehnen befreien, in sehr feine Würfel schneiden und beiseite stellen.

Für den Sud die Knochen in Walnussgröße hacken. Sämtliches Gemüse würfeln und mit Knochen, Eiweiß und Gewürzen in einen hohen Topf geben. Mit 2 l kaltem Geflügelfond langsam zum Kochen bringen. Danach circa 30 Minuten bei mittlerer Temperatur ziehen lassen. Anschließend den Sud vorsichtig durch ein Küchenhandtuch seihen und erneut zum Kochen bringen. Die Keulen zugeben und weitere 45 Minuten mitgaren. Danach den Sud durch ein feines Sieb gießen und das Fleisch der Keulen abzupfen und kalt stellen. Den Sud mit Salz und Sherry würzen.

Für die Füllung eine kompakte Masse aus der Hähnchenbrust, den gezupften Keulen, der Haut, den Eigelben, dem Knoblauch, den Pinienkernen, den Tomaten, dem Ricotta, der Stärke und dem Limettensaft herstellen. Mit Salz und Chili a. d. Mühle würzen.

Die abgewogenen Zutaten zu festen Teigen verarbeiten, in Klarsichtfolie einschlagen, flach drücken und für 30 Minuten kalt stellen. Den weißen Nudelteig hauchdünn ausrollen und mittig halbieren. 2–3 EL der Füllung mit Abstand mittig auf den weißen Nudelteig verteilen und rundherum mit feuchtem Küchenkrepp abtupfen. Die anderen drei bunten Nudelteige ebenso dünn ausrollen und in 0,5–0,7 cm breite Streifen schneiden. Mit Küchenkrepp die zweite Hälfte des Nudelteiges anfeuchten und die bunten Streifen abwechselnd darüberlegen. Danach den gemusterten Teig ebenfalls dünn ausrollen und auf den weißen mit der Füllung legen, die Seitenränder andrücken und das Ganze mit einem 12–14 cm Ring ausstechen. Danach die Raviolos in kochendem, reichlich gesalzenem Wasser 8–10 Minuten bissfest garen.

Zum Servieren den heißen Sud in warme tiefe Teller verteilen, jeweils einen Raviolo hineinlegen und mit Basilikum vollenden.

Wie das Amen in der Küche
Sellerie-Ravioli mit pochiertem Kalbsfilet

ZUBEREITUNG:

Den roten und den schwarzen Nudelteig auf einer leicht bemehlten Arbeitsfläche sehr dünn ausrollen, übereinanderlegen und eng zu einer Roulade aufrollen. Die Rolle in Klarsichtfolie einschlagen und im Tiefkühlfach 15–20 Minuten anfrieren. Danach mit einem scharfen Messer oder einer Schneidemaschine in 16 sehr feine Scheiben schneiden und erneut dünn ausrollen. Die fertigen Kreise beiseite egen.

Für die Füllung den Sellerie dünn abschälen. Anschließend in kleine Würfel schneiden, bei mittlerer Temperatur langsam in Butter anbraten und weich garen. Mit dem Zitronen- und dem Orangensaft ablöschen, mit Salz, Pfeffer und Curry würzen und mit einer Küchenmaschine fein pürieren. Zum Füllen der Ravioli die Selleriecreme mittig auf die Nudelscheiben geben und die Ränder mit feuchtem Küchenkrepp abtupfen. Die Teigplatten einschlagen, die Ränder andrücken und mit einem runden, gewellten Ausstecher in Form bringen. (Restliche Selleriecreme warm stellen).

Das Kalbsfilet mit dem Zitronen- und Orangenabrieb, dem gezupften Thymian und dem schwarzen Pfeffer marinieren und zu einem Bonbon straff in Klarsichtfolie einschlagen. Danach in Alufolie wickeln und fest verschließen. Die Rolle im Wasserbad bei ca. 55 °C sanft 40–45 Minuten pochieren.

Für das Gratin die Kartoffeln und den Kohlrabi schälen und in dünne Scheiben schneiden. Mit einem 5 cm großen Ring ausstechen und mit Salz würzen. Dann die Kohlrabi- und Kartoffelscheiben abwechselnd leicht übereinander lappend kreisrund auf ein mit Backpapier ausgelegtes Backblech legen. Danach mit der flüssigen Butter bepinseln und im Ofen bei 160 °C etwa 15–20 Minuten garen.

Der Nudeln für 4–5 Minuten im Gemüsefond bissfest kochen. Anschließend die Nudeln in der restlichen Butter des Gratins schwenken. Zum Anrichten die Selleriecreme mittig auf die Teller streichen und die Gratins darauf anrichten. Jeweils 2 Nocken ans obere und untere Ende des Gratins geben. Die Ravioli in einer Linie darauf anrichten. Das Kalbsfilet in der Butter nachbraten und mit Salz würzen. In vier Stücke schneiden und auf das Gratin setzen. Mit Salz und Pfeffer würzen und feinem Wildkräutersalat vollenden.

ZUTATEN FÜR 4:

Für die Nudeln:
½ Rezept Nudelteig (rot) mit
10–20 ml Holundersaft
½ Rezept Nudelteig (schwarz) mit
1 Päckchen Sepia Farbe
(siehe Rezept für Ravioliteig S. 96)
800 ml heller Gemüsefond

Für die Füllung:
400 g Knollensellerie
50 g Butter
Saft von 1 Zitrone
Saft von 1 Orange
feines Salz und Pfeffer
1 Msp Currypulver

Für das Kalbsfilet:
500 g Kalbsfilet, küchenfertig
Abrieb von 2 Zitronen, unbehandelt
2 Zweige Thymian, abgezupft
schwarzer Pfeffer a. d. Mühle
50 g Butter

Für das Gratin:
2 Kartoffeln, groß und mehlig-kochend
1 Kohlrabi
50 g Butter, flüssig

Zum Vollenden:
20 g Wildkräutersalat
(z. B. Rote Bete, Sauerampfer)
feines Salz und Pfeffer

Sixtinische Pappardelle

Schwarzwurzel-Bandnudeln mit sanft gegartem Rebhuhn, Feldsalat und Veilchen

ZUTATEN FÜR 4:

Für das Rebhuhn:

2 kleine Rebhühner, küchenfertig
(Alternative: Stubenküken)
4 Knoblauchzehen
1 rote Zwiebel
100 g Datteln
200 g Pilze, gemischt (z. B. Steinpilze,
Austernpilze, Kräuterseitlinge – nach
Saison)

Für die Gewürze:

1 TL Wacholder
½ TL Pimentkörner
½ TL schwarze Pfefferkörner
1 TL Espressobohnen
50 ml Pflanzenöl
150 ml Leindotteröl
feines Salz

Für die Schwarzwurzel-
Pappardelle:

500 g Schwarzwurzeln
200 g Schalotten
100 ml Milch
1 l Wasser
50 g Butter
Saft von
1 unbehandelten Limette
1 TL Veilchenhonig
feines Salz
Chili a. d. Mühle

Zum Vollenden:

100 g Feldsalat
kandierte Veilchen zum Garnieren
120 ml Geflügeljus

ZUBEREITUNG:

Die Haut der ausgelösten Keulen möglichst ganz entfernen und beschwert auf Backpapier (z. B. gepresst zwischen zwei Backblechen) im Ofen bei Ober-/Unterhitze bei 160 °C circa 15–20 Minuten knusprig backen. Anschließend auf Küchenkrepp abtropfen lassen. Den Knoblauch und die Zwiebeln schälen und beides grob würfeln. Die Datteln halbieren und den Kern entfernen. Die Pilze putzen und grob der Faser nach schneiden.

Die Gewürze ohne Fett in einem kleinen Topf rösten, bis sie ein intensives Aroma freigeben. Die Gewürze danach zusammen mit Espressobohnen in einen Tee-Einwegbeutel geben und fest verschließen. Das Pflanzenöl erhitzen, die Keulen darin anbraten und den Knoblauch, die Zwiebeln, die Pilze, die Datteln sowie das Gewürzsäckchen zugeben und mit Leindotteröl aufgießen. Die Keulen mit Backpapier bedecken und bei 65–70 °C etwa 45 Minuten garen. Dabei gelegentlich wenden. 15 Minuten vor Ende der Garzeit die Brüste – ohne sie anzubraten – ebenfalls zum Confieren (sanftes Garen) in das Öl geben und beides fertig garen.

Kurz vor dem Servieren die fertige Rebhuhnbrust bzw. die Keulen zum Abtropfen auf Küchenkrepp legen und warm stellen. Das Gewürzsäckchen entfernen, die restlichen Zutaten durch ein Sieb laufen lassen und ebenfalls auf Küchenkrepp abtropfen lassen. Anschließend beides mit Salz verfeinern.

Für die Gemüse-Pappardelle die Schwarzwurzeln unter fließendem Wasser abspülen und mit einem Sparschäler rundherum schälen. Das Wasser mit der Milch vermengen und die Schwarzwurzeln hineinlegen, damit sie nicht braun werden. Die Schwarzwurzeln mit einem Sparschäler in breite Streifen zu Pappardelle schälen. Die Schalotten fein würfeln. Die Butter im Topf erhitzen, die Schalotten darin glasig anschwitzen und die Schwarzwurzel-Pappardelle zugeben und mehrere Minuten mit anschwitzen. Mit Limettensaft und Honig abschmecken und mit feinem Salz sowie Chili a. d. Mühle würzen.

Zum Schluss die Rebhuhnbrust bzw. die Keulen auf die Teller legen und mit Geflügeljus verfeinern. Die Schwarzwurzel-Pappardelle mit dem Feldsalat vermengen und mit kandierten Veilchen vollenden.

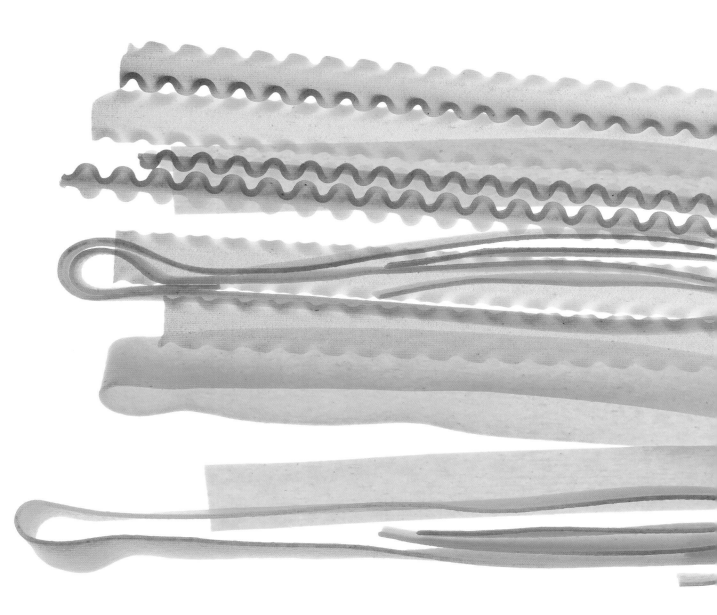

PAPPARDELLE

Pappardelle gehören wie Fettucine zur Familie der Bandnudeln,
sind aber etwas schmaler. Fettuccine piccole oder Tagliatelle sind
ebenfalls völlig flach, aber deutlich schlanker als Fettuccine. Dem
verwirrten Koch stellt sich mitunter das rein mathematische Rätsel,
ob Mezze fettucine piccole halb so breit sind wie Fettuccine bzw.
Mezze Pappardelle, aber größer als Tagliolini fini. Alles klar?

RICCITELLE

Es ist die Frage aller Fragen: Soll man lieber die einseitig oder die zweiseitig gewellten Nudeln nehmen, will man einen gelungenen Salat herstellen? Rational kann man darauf wohl eher keine Antwort finden. Grundsätzlich gehören diese Pasta in die Gruppe der Fantasieformen. Die Wortendung -elle (oder -elli) zeigt, dass sie zu den breiten Nudeln gehört. Alle Pasta hingegen, die mit der Silbe -ette (oder -etti) enden, gehören zu den schmalbrüstigen Verwandten.

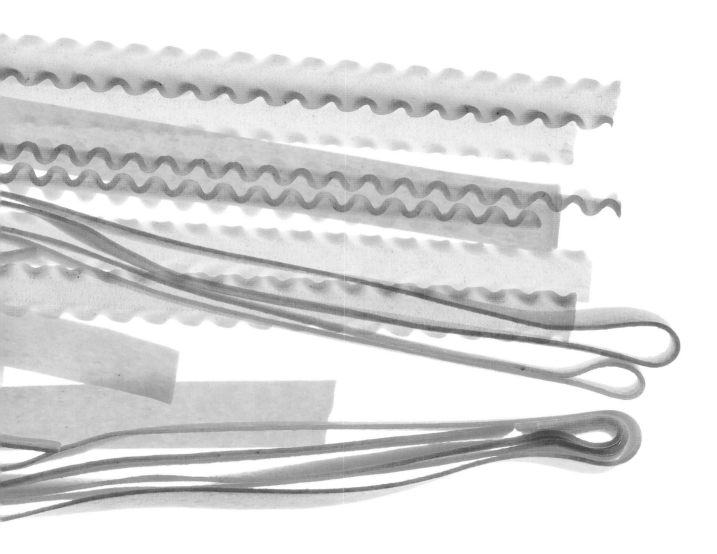

Ein bisschen Frieden

Taubenkoteletts mit Holunderjus, Tortelloni und grünem Lauch

ZUTATEN FÜR 2:

ZUBEREITUNG:

Für die Nudeln:
½ Rezept Nudelteig herstellen
(siehe Rezept für Ravioli S. 96)

Für die Füllung:
100 g Mascarpone
2 Schalotten, gewürfelt
50 g getrocknete Tomaten,
gewürfelt
20 g schwarze Oliven,
entsteint und gewürfelt
20 g geröstete Pinienkerne

Für die Taube:
1 frische Taube ca. 300–400 g
(alternativ Wachteln oder
Stubenküken), jeweils küchenfertig
vom Metzger ausgelöst, mit Knochen
ohne Haut
100 g Hähnchenbrust
1 Eiweiß
1 Mullbinde (alternativ roher Schin-
ken oder Schweinenetz)
2 Zweige Thymian
Pflanzenfett zum Braten
20 g Butter zum Nachbraten

Den Nudelteig wie im Rezept beschrieben zubereiten und kalt stellen. Aus Mascarpone, Schalotten, Tomaten, Oliven und den Pinienkernen eine cremige Masse herstellen und mit Pfeffer würzen. Den Nudelteig dünn ausrollen und mit einem 6-cm-Ring kreisrund ausstechen. 1 TL der Füllung mittig platzieren, die Teigränder mit Wasser beträufeln, zur Hälfte einschlagen und fest andrücken. Die Enden erneut zusammenführen und zu Tortelloni formen. Diese in reichlich gesalzenem, kochendem Wasser bissfest garen.

Das Taubenbrustfilet seitlich hochstellen. Den mittleren Röhrknochen der Taubenkeule entfernen. Hähnchenbrust würfeln und mit restlichem Taubenfleisch (von der Karkasse-Geflügelknochen) im Gefrierschrank kurz anfrieren. Anschließend mit Eiweiß, Salz und Pfeffer in der Küchenmaschine fein mixen. Eine walnussgroße Portion der Füllung mittig auf die Brust geben. Das hochgestellte Filet an die Füllung lehnen und die Keule darauflegen, sodass die Knochen entgegengesetzt liegen. Diese von außen mit Salz würzen und 1–2 mal kompakt in eine Mullbinde einschlagen. Das Ganze mit Pflanzenfett rundherum heiß anbraten und im Ofen bei 80 °C Ober-/Unterhitze circa 15–20 Minuten garen. Anschließend die Mullbinde entfernen und mit der Butter und dem Thymian nachbraten.

Weiter auf Seite 68 >>

Taubenkoteletts mit Holunderjus, Tortelloni und grünem Lauch

<<   *Fortsetzung von Seite 66*

Für den Jus:

Taubenknochen
25 g Pflanzenfett
4 Schalotten, gewürfelt
200 g Wurzelgemüse
(z. B. Petersilienwurzel, Möhren,
Knollensellerie)
100 g mehlig kochende
Kartoffeln, roh
2 Zweige Thymian
4 Wacholderbeeren
1 Lorbeerblatt
8 schwarze Pfefferkörner
100 ml Holundersaft
400 ml Geflügelfond

Für den Lauch:

1 Stange Lauch, geputzt
2 Knoblauchzehen, gewürfelt
20 g Butter, geschmolzen
Saft und Abrieb von ½ Zitrone
feines Salz
schwarzer Pfeffer a. d. Mühle
essbare Blüten

Für den Jus die Geflügelknochen im Pflanzenfett goldbraun rösten. Die Schalotten und das Wurzelgemüse darin bei mittlerer Temperatur langsam glasig anschwitzen. Die Kartoffeln schälen und hineinreiben. Den Thymian und die Gewürze zugeben und mit Holundersaft ablöschen. Mit Geflügelfond aufgießen und langsam auf die Hälfte reduzieren. Danach durch ein feines Sieb gießen und ggf. mit Salz abschmecken.

Den Lauch in ca. 1 cm dicke Ringe schneiden. Auf ein mit Backpapier ausgelegtes Backblech jeweils in einem Kreis von etwa 10 cm Durchmesser die Lauchringe eng nebeneinander auslegen. Das Ganze mit Knoblauch, Butter, Saft und Abrieb der Zitrone, Salz und schwarzem Pfeffer würzen. Im Backofen bei 80 °C Ober-/Unterhitze 10–15 Minuten garen.

Zum Anrichten den Lauch auf die vorgewärmten Teller kreisrund, mittig platzieren. Die Tortelloni auf dem Lauch anrichten. Die beiden Taubenkoteletts mittig halbieren und zum Schluss mit Jus und Blüten garnieren.

BUGATI

Alles, was röhrenförmig ist, gehört eigentlich zu den Bugati-artigen. Auch Makkaroni
oder Penne, die etwas dicker sind. Kleingehechselt werden sie in Suppen verkocht,
heißen dann aber Casarecce. Haben die Makkaroni-artigen nur eine Länge von etwa
5 Zentimeter, werden sie als Magli bezeichnet. Im Unterschied zu Penne sind die Enden
aber gerade abgeschnitten. Die dünneren Verwandten der Makkaroni heißen Bugatini
oder – je nach Gusto – auch Tubetti oder Pipette. Das Ganze gibt's auch noch in mezzi
(halbe Länge) und lunghe (doppelte Länge). Steigern ließe sich dies freilich auch in der
Dicke. Zita sind doppelt dicke Makkaroni und Zitone ein gutes Drittel dicker als Zita.

TACCONELLI

Die kleinen hohlen Kissen für das gute Gewissen. Sie können je nach Hersteller den Gnocchi oder Gnocchetti sehr ähnlich sehen, bestehen jedoch aus klassischem Nudelteig und nicht wie letztere aus Kartoffeln mit etwas Mehl.

Nudeluja!

Auf Heu gegarte Lammschulter mit Frühlingsgemüse und Petersilienwurzel-Spaghetti

ZUBEREITUNG:

Die Lammschulter zusammen mit den Zutaten der Marinade vermengen und abgedeckt bei Zimmertemperatur für mind. 1 Stunde marinieren, am besten 24 Stunden über Nacht.

Das Wurzelgemüse und den Rettich in walnussgroße Stücke schneiden und im leicht erhitzen Olivenöl hell anschwitzen. Mit Weißwein ablöschen und vollständig reduzieren. Mit Vermouth und Lammfond aufgießen und zusammen mit Estragon und Zitronenschale aufkochen. Die Lammschulter zugeben und im Backofen bei ca. 100 °C Ober-/Unterhitze 3,5–4 Stunden garen. Während dieser Zeit das Fleisch alle 30 Minuten wenden.

Die Lammschulter herausnehmen, auf das Heu legen und weitere 45–50 Minuten im Ofen fertig garen. Die Kartoffeln schälen, in den Sud reiben und 5–10 Minuten köcheln lassen. Danach durch ein feines Sieb gießen und mit Salz und geriebenem Meerrettich verfeinern.

Die Petersilienwurzeln schälen und mit Hilfe eines Spiralschneiders zu langen Spaghetti schneiden. Restliches Gemüse putzen. Die Rübchen und Radieschen sechsteln oder achteln (je nach Größe). Möhren unter fließendem Wasser abbürsten, den Frühlingslauch putzen und beides in ca. 4 cm große Stücke schneiden.

Die Butter in einer Pfanne leicht erhitzen und Rübchen, Radieschen und Möhren darin bei niedriger Temperatur 5–7 Minuten garen. Petersilienwurzel-Spaghetti zugeben und mit Salz würzen. Zum Schluss den Lauch zugeben und mit Honig/Macisblüte abschmecken. Die Sauce auf die Teller verteilen und die aufgedrehten Spaghetti sowie das Gemüse darauf anrichten. Die fertige Schulter portionieren, zum Gemüse geben und mit restlicher Sauce übergießen.

ZUTATEN FÜR 4:

Für die Lammschulter-Marinade:
1 Lammschulter ca. 1,2–1,5 kg, küchenfertig
200 ml Vollmilch
100 ml Vermouth
2 Lorbeerblätter
1 TL Pfefferkörner, grob zerstoßen
½ TL grobes Salz
1 TL weißer Kandiszucker, grob zerstoßen

Für den Schmor-Ansatz:
500 g helles Wurzelgemüse
300 g Rettich, geschält
2 EL mildes Olivenöl
200 ml Weißwein
200 ml Vermouth
1 l heller Lammfond
2 Zweige Estragon
Schale und Saft von
1 unbehandelten Zitrone
200 g Heu aus dem Bioladen
1 große Kartoffel, mehlig-kochend
2 TL frischer Meerrettich

Für das Gemüse:
2 Petersilienwurzeln
½ Bund Teltower Rübchen
1 Bund Radieschen
200 g Fingermöhren mit Grün
½ Bund Frühlingslauch
Butter
1 EL Blütenhonig
Macisblüte, gerieben

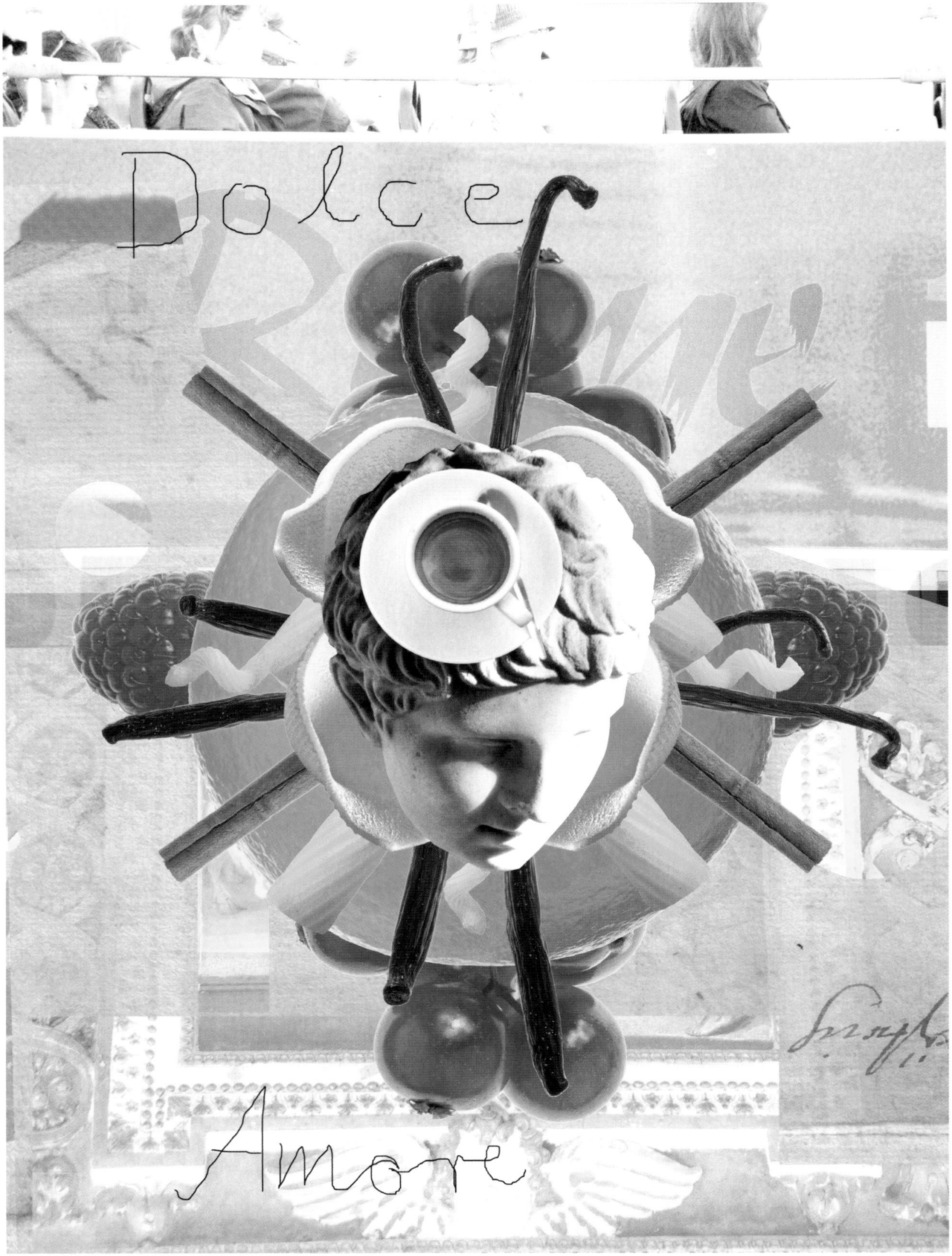
Dolce
Amore

BELLARIA
Nachtisch

Mit welcher Frucht Eva ihren Adam im Paradies verführt haben soll, weiß man nicht. Ziemlich sicher jedoch nicht mit einem Apfel. In der Bibel steht als Aussage Evas: „Von den Früchten der Bäume im Garten dürfen wir essen; nur von den Früchten des Baumes, der in der Mitte des Gartens steht, hat Gott gesagt: Davon dürft ihr nicht essen, und daran dürft ihr nicht rühren, sonst werdet ihr sterben." Kein Wort von einem Apfel. Wie denn auch, kam dieser doch im Nahen Osten – dem Entstehungsgebiet der Bibelerzählungen – schlicht nicht vor.

Viel später erst stand der Apfel als Symbol für die Göttin der Liebe. Die Verbindung mit körperlicher Lust kam genau richtig, um den Apfel bei Christen mit Verbotenem zu verbinden. Doch irdischer Trost ist nah: Auf den folgenden Seiten ist alles erlaubt, legalem Obst vom Markt sei Dank …

Mein Wille geschehe

Nougat-Tortellini mit Pop(e)corn und weißem Tassenkuchen

ZUTATEN FÜR 4:

ZUBEREITUNG:

Für die Tortellini:

1 Rezept Nudelteig in zwei Teile
abwiegen (siehe Rezept S. 96)
½ Rezept wie beschrieben herstellen
½ Rezept herstellen mit
2 EL ungesüßtem Kakaopulver

100 g dunkler Nougat
0,5 l Wasser
100 g Zucker, plus
etwas mehr zum Süßen des Wassers
Saft von 2 Zitronen
1 TL Kardamom

Für das Joghurteis:

100 ml Milch
50 g Blütenhonig
50 g Zucker
1 Blatt eingeweichte Gelatine
300 g Griechischer Joghurt
150 ml Sahne

Für den Tassenkuchen:

40 g Butter, flüssig
40 g Schmand
55 g Zucker
1 Eiweiß
8 g Stärke
35 g Mehl
50 ml Milch
1 Msp. Backpulver

Zum Vollenden:

50 g Crème fraîche
25 g Blütenhonig
zerstoßene Pistazien, frische
Johannisbeeren
eine Handvoll Popcorn
Blüten und frische Minze

Den weißen Nudelteig sehr dünn ausrollen. Den dunklen Kakao-Nudelteig ebenso dünn ausrollen und in 0,5 cm schmale Streifen schneiden. Danach den weißen Nudelteig mit einem feuchten Küchenkrepp abtupfen, die Kakao-Nudelstreifen gleichmäßig nebeneinander darauflegen und vorsichtig erneut dünn walzen. Anschließend in 6 × 6 cm große Quadrate schneiden.

Die Seitenränder erneut mit feuchtem Küchenkrepp abtupfen, mittig einen Teelöffel Nougat platzieren und zu Dreiecken falten. Die Ränder gründlich andrücken. Die Dreiecke mittig auf das oberen Ende der Zeigefinger legen. Die beiden äußeren Spitzen leicht überlappend andrücken. Die fertigen Nudeln abstreifen und fortfahren, bis 12 in etwa gleich große Tortellini entstanden sind. Das Wasser zusammen mit Zucker, dem Saft der Zitronen und dem Kardamom zum Kochen bringen und die Nudeln in gesüßtem Wasser 6–7 Minuten bissfest kochen.

Für das Eis die Milch zusammen mit dem Honig und dem Zucker aufkochen. Die Gelatine darin vollständig auflösen. Den Joghurt und die Honig-Milch-Mischung hineinlaufen lassen. Zum Schluss die Sahne gründlich verrühren und die Joghurteisbasis in der Eismaschine gefrieren.

Für den Tassenkuchen alle Zutaten miteinander verrühren und in einen Sahne-Siphon füllen. 2 Patronen aufschrauben und in hitzebeständige kleine Porzellan-Förmchen oder Tassen füllen. Anschließend 27–30 Sekunden bei 1800 Watt in der Mikrowelle garen. Danach aus den kleinen Porzellanförmchen stürzen und grob zupfen. Zum Schluss im vorgeheizten Backofen bei 50 °C Heißluft bei leicht geöffneter Backofentüre 25–30 Minuten knusprig trocknen.

Zum Vollenden die Crème fraîche mit Honig verrühren und mit dem Löffelrücken auf die Teller streichen. Mit Pistazien bestreuen und den knusprigen Schwamm sowie Pop(e)corn der Länge nach darauf verteilen. Die Nougat-Tortellini versetzt dazugeben. Zum Schluss das Eis anrichten und mit Blüten, frischer Minze und Johannisbeeren garnieren.

Führe mich in Versuchung
Panzerotti mit verbotenem Apfel

ZUBEREITUNG:

Für die Teigtaschen den Honig in einem Topf erhitzen und die Apfelwürfel 10–15 Minuten weich garen. Anschließend fein pürieren. Den Zucker in einem Topf langsam hellbraun karamellisieren, die Nüsse durchschwenken und danach auf Backpapier auskühlen lassen. Die kalten Nüsse zerstoßen und unter die Apfelcreme rühren. Den Nudelteig dünn ausrollen und mit einem ca. 6 cm großen Ring 12 Kreise ausstechen. Eine walnussgroße Portion der Füllung mittig platzieren. Die Seitenränder mit feuchtem Küchenkrepp abtupfen und auf die Hälfte zu Apfeltaschen einschlagen. Danach mit einem zweiten gewellten Ring noch einmal ausstechen. Restliches Apfelpüree bereitstellen.

Alle Zutaten für die Churros in eine Schüssel geben und gründlich verrühren. Den Teig in einen Einwegspritzbeutel füllen und eine 0,5 cm große Öffnung ausschneiden. Den Teig nun in ca. 140–150 °C heißes Pflanzenfett sanft hineinspritzen, dabei die Enden immer wieder an einem Punk zusammenführen und ausbacken. Danach auf Küchenkrepp legen und mit Puderzucker bestäuben.

ZUTATEN FÜR 4:

Für die Apfeltaschen:
½ Rezept Nudelteig herstellen
(siehe Rezept für Ravioli S. 96)

Für die Füllung:
2 grüne Äpfel, gewürfelt
50 g Akazienhonig
50 g Haselnüsse ohne Schale
25 g Zucker

Zum Kochen der Apfeltaschen:
500 ml klarer Apfelsaft
200 ml Wasser
Mark von ½ Vanilleschote

Für die Churros:
100 g Mehl
je 50 g Stärke, Kakaopulver
und Zucker
25 g Butter, flüssig
2 Eiweiß
300–400 ml Pflanzenfett
1 EL Puderzucker zum Bestäuben

Weiter auf Seite 80   >>

Panzerotti mit verbotenem Apfel

<<   Fortsetzung von Seite 79

Für den Apfelsud:

4 grüne Äpfel
250 ml klarer Apfelsaft,
150 ml Holundersirup
Mark von ½ Vanillestange
50 ml Grenadine
1 cl Apfelbrand
2 Blatt Gelatine, eingeweicht

Zum Vollenden:

½ Rezept Haselnussbrownie, zerbröselt
(siehe Rezept Schokoladen-Cannelloni
mit Feige S. 82)
gemahlene Pistazien
Schokosplitter
Früchte
essbare Blüten
Minze

Für den Apfelsud den Apfelsaft, den Holundersirup und das Vanillemark aufkochen und in zwei kleinen Töpfen aufteilen. In einen der Töpfe den Granatapfelsirup zugeben und auf die Hälfte reduzieren. Danach die Äpfel schälen, den Strunk beiseitelegen und mit einem Ausstecher 12 Kugeln ausstechen. 3 Apfelkugeln in den Granatapfelsud geben und 5–6 Minuten ziehen lassen. Die restlichen Apfelkugeln im hellen Sud ebenso 5–6 Minuten ziehen lassen. Den noch warmen hellen Sud durch ein feines Sieb gießen. Den Apfelbrand erhitzen, die Gelatine hineinrühren und zum Sud geben. Das Ganze dünn auf ein mit Frischhaltefolie ausgelegtes Blech gießen und 30 Minuten kalt stellen. Zum Kochen der Apfeltaschen den Apfelsaft, das Wasser und Mark der Vanilleschote zum Kochen bringen und die Apfeltaschen darin 5–6 Minuten garen.

Beim Anrichten den zerbröselten Brownieboden halbkreisförmig am unteren Tellerrand streuen und die Pistazien und Schokosplitter darauf verteilen. Apfelpüree und Gelee versetzt dressieren und die Apfeltaschen darauflegen. Nun die pochierten Äpfel dazwischen verteilen und mit Früchten, Blüten, Minze und Churros vollenden.

Wer's kaut, wird selig

Schokoladen-Cannelloni mit Feige, Cassis und Haselnusseis

ZUTATEN FÜR 4:

Für die Cannelloni:
Schokoladenfolie
50 g dunkle Bitterschokolade

Für die Füllung:
2 Eigelbe
25 g Feigenmarmelade
2 cl Feigenlikör
2 Blatt Gelatine, eingeweicht
50 ml Cassispüree
50 g weiße flüssige Schokolade
200 g Sahne, halbsteif geschlagen

Für das Eis:
5 g Süßholz
50 g Haselnussgrieß
0,5 l Milch
110 g Tannenhonig
150 g Joghurt
Saft von 2 Zitronen
50 ml Sahne

Für den Brownie:
2 Eier
60 g Zucker
100 g Butter
100 g Bitterschokolade (mind. 70 %)
50 g brauner Zucker
50 g Mehl
10 g Kakaopulver, ungesüßt
150 g Haselnussgrieß

Zum Vollenden:
Beeren je nach Saison
frische Minze
Schokoladensplitter
essbare Blüten

ZUBEREITUNG:

Für die Cannelloni die Schokoladenfolie auf 10 × 10 cm große Quadrate schneiden. Die Schokolade schmelzen, herunterkühlen (auf ca. 30 °C) und mithilfe einer kleinen Winkelpalette dünn auf die Folie streichen. Dann ca. 0,5 cm leicht übereinander lappend zu einem Zylinder formen und in einen ca. 2 cm breiten Ring stellen. Anschließend kalt stellen.

Für die Füllung die Eigelbe zusammen mit der Marmelade und dem Likör über einem Wasserbad dickschaumig aufschlagen (ca. 85 °C). Die Gelatine zugeben und darin vollständig auflösen. Danach die Schokolade einrühren und auf Zimmertemperatur herunterkühlen. Zum Schluss die Sahne vorsichtig unterheben und 25–30 Minuten kalt stellen. Anschließend in einen Spritzbeutel geben und die Schokoladen-Cannelloni damit füllen. Danach erneut kalt stellen.

Für das Eis das Süßholz mithilfe der Küchenmaschine sehr fein zermahlen und mit dem Grieß in einem Topf 2–3 Minuten rösten. Danach mit Milch aufgießen, einmal aufkochen und 3–5 Minuten in der Küchenmaschine fein mixen. Anschließend durch ein feines Sieb streichen. Den Honig erhitzen, die Gelatine darin vollständig auflösen und in die Haselnussmilch hineinlaufen lassen. Den Joghurt zuerst mit dem Zitronensaft, dann mit der Sahne verrühren und ebenfalls zur Haselnussmilch geben und in der Eismaschine gefrieren.

Für den Brownie die Eier mit Zucker mehrere Minuten in einer Küchenmaschine dickschaumig aufschlagen. Die Butter erhitzen, über die Schokolade gießen und gründlich verrühren. Nun den braunen Zucker, das Mehl, das Kakaopulver und den Haselnussgrieß unter die Ei-Zucker-Mischung rühren und die flüssige Schokoladen-Butter hineinlaufen lassen. Zum Schluss die Masse auf ein mit Backpapier ausgelegtes Blech gleichmäßig dünn aufstreichen. Im Ofen bei 180 °C Ober-/Unterhitze circa 20 Minuten backen.

Zum Servieren den Brownie zerbröseln und auf den Teller mittig gleichmäßig von einem Rand zum anderen bestreuen. Darauf Beeren, Blüten, Minze und Schokoladensplitter verteilen. Die Cannelloni schräg halbieren und aufsetzen. Zum Vollenden eine Nocke Haselnusseis darauflegen und rasch servieren.

FUSILI

Scbon wieder eine Nudelfamilie mit vielen Verwandten. Korkenzieher-Pasta landen oft auch als Cavatappi oder Buitoni im Supermarktregal. Verwechslungsgefahr mit Fusili besteht für Eliche oder Spirelli eigentlich nicht, werden sie in der Regel doch mit Eiern hergestellt.

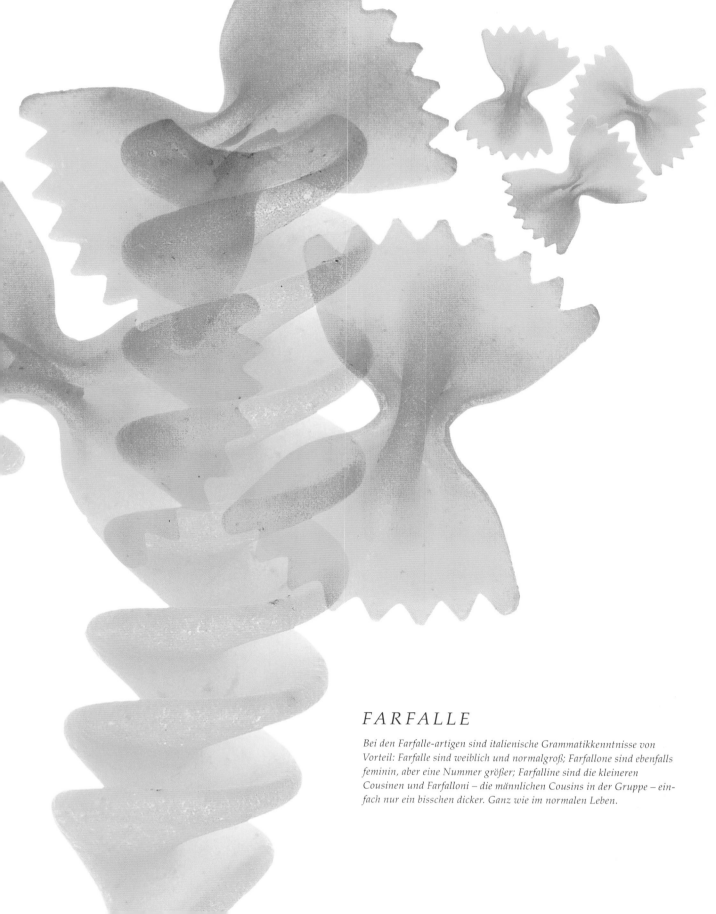

FARFALLE

Bei den Farfalle-artigen sind italienische Grammatikkenntnisse von Vorteil: Farfalle sind weiblich und normalgroß; Farfallone sind ebenfalls feminin, aber eine Nummer größer; Farfalline sind die kleineren Cousinen und Farfalloni – die männlichen Cousins in der Gruppe – einfach nur ein bisschen dicker. Ganz wie im normalen Leben.

Das jüngste Gesicht
Apfel-Spaghetti-Eis

ZUBEREITUNG:

Für das Eis die Sahne, die Milch und den Zucker mit der halbierten Vanilleschote aufkochen und abgedeckt ohne Hitze 15–20 Minuten ziehen lassen. Dabei gelegentlich umrühren. Anschließend den Vanillesud mit den Eigelben verrühren und über einem Wasserbad dickschaumig aufschlagen (ca. 85 °C). Danach durch ein feines Sieb laufen lassen, mit Honig verfeinern und in der Eismaschine gefrieren.

Für die Erdbeersauce die Erdbeeren putzen, trocken tupfen und mithilfe einer Küchenmaschine fein pürieren. Danach durch eine feines Sieb streichen und mit Blütenhonig und Orangenabrieb abschmecken.

Die Äpfel waschen, trocken tupfen und mit einem Apfelausstecher das Kerngehäuse entfernen. Anschließend mit Hilfe eines Spiralschneiders zu Spaghetti verarbeiten. Die fertigen Spaghetti mit Orangensaft und Blütenhonig vermengen.

Zum Vollenden die Erdbeersauce mittig auf die eiskalten Teller kreisrund verteilen. Die Apfel-Spaghetti mittig platzieren und eine Nocke Madagaskar-Vanilleeis daraufsetzen. Mit Schokoladenraspeln verfeinern und mit einigen in dünne Scheiben geschnittenen Erdbeeren, essbaren Blüten und gemahlenen Pistazien garnieren.

ZUTATEN FÜR 4:

Für das Vanilleeis:
550 ml Sahne
200 ml Milch
1 Madagaskar-Vanilleschote
50 g Zucker
6 Eigelbe
100 g Blütenhonig

Für die Erdbeersauce:
200 g frische Erdbeeren
80 g Blütenhonig
Abrieb von 1 Orange

Für die Apfel-Spaghetti:
2 grüne Äpfel
Saft von 1 Orange
20 g Blütenhonig

Zum Vollenden:
einige Erdbeeren zum Garnieren
essbare Blüten
Pistazien, gemahlen
weiße Schokolade, geraspelt

Habemus Mamam
Lasagne von verbotenen Früchten

ZUTATEN FÜR 4:

Für den Nudelteig:
1 Rezept Nudelteig herstellen (S. 94)

Granatapfelfond:
200 ml Wasser
50 ml Granatapfelsirup
100 g Blütenhonig
Saft und Abrieb von
2 Limetten, 1 TL Kardamomkapseln
2 cl Licor 43

Birnenfond:
200 ml Wasser
50 g Zucker
100 ml Weißwein
Saft und Abrieb von
1 Orange
1 Stange Süßholz ca. 10 cm
2 cl Escorial
2 Birnen

Für die Mangofruchtsauce:
½ reife Mango
Saft von 1 Limette
20 g Blütenhonig

Verbotene Früchte:
200 g Ananas, gewürfelt
200 g Mango, gewürfelt
100 g Orangenfilets
100 g Johannisbeeren
100 g Himbeeren

Zum Vollenden:
essbare Blüten, frische Minze
Kerne von ⅓ Granatapfel

ZUBEREITUNG:

Den Nudelteig auf einer bemehlten Arbeitsfläche sehr dünn ausrollen und mit einem Ring circa 8–10 cm große Kreise ausstechen, sodass 16 gleiche Teigplatten entstehen.

Für den Granatapfelsud das Wasser, den Sirup, den Blütenhonig, den Saft-Abrieb der Limette mit dem Kardamom aufkochen und 15 Minuten ziehen lassen.

Für den Birnensud das Wasser, den Zucker, den Weißwein, den Saft und Abrieb der Orange sowie das Süßholz aufkochen. Die Birnen schälen, der Länge nach halbieren und im Sud 15 Minuten bei niedriger Hitze garen.

Für die Fruchtsauce die Mango schälen, würfeln und zusammen mit dem Limettensaft und dem Blütenhonig in einer Küchenmaschine fein pürieren. Danach durch ein feines Sieb streichen.

Die fertigen Birnen herausnehmen und leicht abkühlen lassen. Danach jeweils fächerförmig aufschneiden. Die beiden Fonds jeweils getrennt voneinander durch feine Siebe gießen und erneut aufkochen. Den Licor 43 sowie den Escorial zugeben. Nun die Nudelteigplatten auf die beiden Fonds aufteilen und 3–4 Minuten bissfest garen. Anschließend die Nudelteigplatten herausnehmen und die süßen Fonds jeweils auf die Hälfte reduzieren.

Zum Schichten nun jeweils auf ein gelbes Nudelteigblatt die Mangofruchtsauce geben und mit roten Früchten belegen. Danach ein rotes Teigblatt darauflegen und mit gelben Früchten belegen. So fortfahren, bis 4 Schichten entstehen. Das letzte Nudelblatt ebenfalls wieder mit Mangofruchtsauce bestreichen und die aufgefächerten Birnen aufhäufen.

Zum Vollenden mit Minze und essbaren Blüten garnieren. Jeweils mit den zwei verschiedenen eingekochten Fonds benetzen und mit Granatapfelkernen servieren.

Befleckte Empfängnis
Süße Tagliatelle mit Himbeersorbet

ZUBEREITUNG:

Den Nudelteig sehr dünn ausrollen und in circa 20 cm breite Stücke schneiden. Danach mit einem Pizza-Rad oder einem Nudelmaschinen-aufsatz für Tagliatelle die Teigplatten zu 0,5–0,7 cm große Tagliatelle-Nudeln verarbeiten und auf einem bemehlten Backblech bereit legen. Die beiden Melonensorten in Tagliatelle-ähnliche Streifen schneiden und kalt stellen.

Nun den Apfelbasilikumsirup, das Wasser, den Zitronensaft und die Kardamomkapseln in einen Topf geben und bei mittlerer Temperatur ca. 15 Minuten ziehen lassen. Danach durch ein feines Sieb laufen lassen und zum Garen der Nudeln bereitstellen.

Für das Blitzsorbet alle Zutaten in den Kutteraufsatz einer Küchenmaschine geben und zu einem cremigen Sorbet verarbeiten. Danach bis zur weiteren Verwendung in das Gefrierfach stellen.

Für den Biskuit das Eiweiß langsam dickschaumig aufschlagen, dabei nach und nach den Zucker einrieseln lassen. Die Speisestärke gründlich unterheben. Danach Eigelbe und Zucker minutenlang dickschaumig aufschlagen, Mandelgrieß und Abrieb zugeben und das Eiweiß vorsichtig unterheben. Mit einer Palette den Teig ca. 0,5 cm dick auf ein mit Backpapier ausgelegtes Backblech streichen und im vorgeheizten Backofen bei 180 °C Ober-/Unterhitze 8–10 Minuten backen. Danach mit einem 6 cm runden Ausstecher 4–8 Böden ausstechen.

Für die Creme die Eigelbe, den Zucker und den Honigwein über einem Wasserbad dickschaumig aufschlagen (max. 85 °C). Die Gelatine vollständig einrühren und die Basis auf Zimmertemperatur herunterkühlen. Die Vollmilchschokolade unterrühren und die Sahne vorsichtig unterheben. Anschließend mindestens 30 Minuten im Kühlschrank kalt stellen (am besten über Nacht).

Kurz vor dem Servieren den süßen Sud zum Kochen bringen und die Nudeln 4–6 Minuten darin garen. Anschließend herausnehmen und mit den Melonenstreifen vermengen. Mit einem Esslöffel einen breiten Streifen Schokoladenmousse aufstreichen und den Biskuit am schmalen Ende auflegen. Die Nudeln mit einer Fleischgabel aufdrehen und daraufsetzen. Mit Beeren, Blüten, Zesten und Minze garnieren. Zum Schluss mit einer Nocke Himbeersorbet vollenden.

ZUTATEN FÜR 4:

Für die Nudeln:
1 Rezept Nudelteig herstellen
(Hartweizennudeln S. 92)
200 g Honigmelone
200 g Netzmelone

200 ml Apfelsirup
50 ml Basilikumsirup
200 ml Wasser
Saft von 2 Zitronen
1 EL Kardamomkapseln

Für das Himbeersorbet:
400 g TK-Himbeeren
Abrieb und Saft von 1 Zitrone
2 cl Himbeergeist
40 ml Himbeersirup
80 g Puderzucker

Für den Biskuit:
3 Eiweiß
50 g Zucker
40 g Speisestärke
3 Eigelbe
35 g Mandelgrieß
Abrieb von
1 Orange und 1 Zitrone

Für die Creme:
3 Eigelbe
50 g Zucker
20 ml Honigwein
2 Blatt eingeweichte Gelatine
150 g Vollmilchschokolade
100 g Sahne, halbsteif geschlagen

Zum Vollenden:
essbare Blüten, Beeren, Minze
Orangenzesten

Lasset uns kneten!
So macht man Nudelteig ...

Nudelteigrezept für
HARTWEIZENNUDELN

Rezept für 4 Personen

150 g Hartweizengrieß

80 g Mehl Typ 405

10 ml Olivenöl (1 EL)

50 g Eigelb (von 2 Eiern Größe M)

80 g Eier (von 1–2 Eiern Größe M)

feines Salz

20–30 ml Wasser / geschmacks- und farbgebende Zutaten, z. B. Holundersaft, Rote-Bete-Saft bzw. -Wasser gemixte Kräuter/Spinat

Alle Zutaten mithilfe einer Küchenmaschine zu einem festen Teig kneten, in Klarsichtfolie einschlagen und im Kühlschrank mindestens 30 Minuten ruhen lassen.

1.

2.

3.

4.

5.

6.

7.

8.

1. Gedrehte Spinatnudeln aglio e olio mit Gelbflossenmakrele, *Seite 16;* **2.** Bucatini mit Saint Pierre, Jakobsmuschel und Königskrabbe, *Seite 18;* **3.** Oblaten mit Kaviar und Trüffel, *Seite 28;* **4.** Pennette Diavolo, *Seite 36;* **5.** Spaghettini ohne Wasser mit Kräuterseitlingen, *Seite 42;* **6.** Käsemakkaroni, *Seite 46;* **7.** Dicke Bohnen mit Pappardelle, *Seite 48;* **8.** Süße Tagliatelle mit Himbeersorbet, *Seite 90.*

Zu jedem Anlass ein anderer Teig: Die Färbung kann sowohl durch Lebensmittelfarben als auch durch Gemüse und Säfte erreicht werden.

Wer schön sein will, muss leiden. Ein dünner Nudelteig erfordert bei seiner Herstellung viel Geduld und auch einiges an Platz.

Nudelteigrezept für
SCHICHTNUDELN

Rezept für 4 Personen

250 g Mehl Typ 405

100 g Nudelmehl von Semola
(Dunst oder Weichweizengrieß)

10 ml Olivenöl (1 EL)

100 g Eigelb (von ca. 3–4 Eiern Größe M)

80 g Eier (von 1–2 Eiern Größe M)

feines Salz

20–30 ml Wasser / geschmacks- und farbegebende Zutaten, z. B. Holundersaft, Rote-Bete-Saft bzw. -Wasser gemixte Kräuter / Spinat

Alle Zutaten mithilfe einer Küchenmaschine zu einem festen Teig kneten, in Klarsichtfolie einschlagen und im Kühlschrank mindestens 30 Minuten ruhen lassen.

1.   2.

3.   4.

1. Lasagne mit Spargel und Seeteufel, *Seite 24;* **2.** Gefüllte Nudel mit grünen Bohnen und Portulak, *Seite 40;* **3.** Kaninchen-Cannelloni mit Waldpilzen, *Seite 54;* **4.** Lasagne von verbotenen Früchten, *Seite 88.*

Die Dreifaltigkeit für alle Gelegenheiten. Ob rot, grün oder schwarz – die Nudelteige lassen sich nicht nur im Eis konservieren, sondern sind nach dem Auftauen sogar noch besser zu verarbeiten, da sie elastischer sind.

Beiß- und Knettag: Gittermuster sind leicht auf einem Grundteig mit Nudelstreifen herzustellen. Zum Schluss geht alles noch einmal durch die Teigmaschine, sodass ein homogener Teig mit Muster entsteht.

Nudelteigrezept für
RAVIOLI *und* TORTELLINI

Rezept für 4 Personen

250 g Mehl Typ 405

90 g Nudelmehl von Semola
(Weichweizengrieß)

10 ml Olivenöl (1 EL)

150 g Eigelb (von ca. 8–9 Eiern Größe M)

feines Salz

20–30 ml Wasser / geschmacks- und farbegebende Zutaten, z. B. Holundersaft, Rote-Bete-Saft bzw. -Wasser
gemixte Kräuter / Spinat

Alle Zutaten mithilfe einer Küchenmaschine zu einem
festen Teig kneten, in Klarsichtfolie einschlagen und im
Kühlschrank mindestens 30 Minuten ruhen lassen.

1.   2.   3.

4.   5.   6.

7.   8.

1. Zweifarbige Nudelteigblätter mit sanft gegartem Saibling, *Seite 8;* **2.** Cardinal de Mer mit Pfaffenhüten, *Seite 30;* **3.** Agnolotti Vaticano mit Paprika-Sugo, *Seite 52;* **4.** Raviolo mit Brathähnchen im Geflügelsud, *Seite 58;* **5.** Sellerie-Ravioli mit pochiertem Kalbsfilet, *Seite 60;* **6.** Taubenkoteletts mit Holunderjus, Tortelloni und grünem Lauch, *Seite 66;* **7.** Nougat-Tortellini mit
Pop(e)corn und weißem Tassenkuchen, *Seite 76;* **8.** Panzerotti mit verbotenem Apfel, *Seite 78.*

Nicht alle Streifen machen schlank, aber sie sorgen für Ehrfurcht unter den Gästen. Erst werden die Streifen angelegt, dann kommt die Nudelrolle und schließlich die Ausstechform. (s. S. 58)

Das Nudelunser der anderen Art: Schwarzer und roter Teig werden aufgerollt, danach angefroren und zum Kochen in hauchdünne Scheiben geschnitten. (s. S. 60)

Im gesiebten Himmel

Gut Ding will Heiligkeit haben

Ein Antrag auf Seligsprechung wäre längst fällig. Im Uffizio Benedizioni in unmittelbarer Nähe zur St.-Anna-Pforte, dem Eingang zum Kirchenstaat fürs niedere Gesinde, könnte man schon mal dafür sorgen, dass der schlichte Geist der einfachen Nudel zumindest eine sakrosankte Basis erhält. Den apostolischen Segen kann schließlich jeder erwerben – auf einem A4-Büttenblatt für keine 25 Euro. Der Herr Mustermann mit der reinen Weste darf's ebenso wie die schrille Ulknudel aus dem TV. Warum bekommt nicht auch eine schlichte Spaghetti einen Heiligen-Schein, wo sie doch für so viel Freude unter den Menschen sorgt? Für Begegnung, für Zufriedenheit, für Sättigung? Es wäre doch nicht zu viel verlangt, zumal die ganz normalen Nudeln mehr fürs Seelenheil der Menschheit leisten als Tausende von Pfarreien auf der ganzen Welt. Wo in nomini Pasta gegessen wird, stimmt einfach die Laune. Da darf man mal eine kleine himmlische Gegenleistung erwarten. Wenigstens online über papablessings@elemos.va – damit es kein Aufsehen bereitet – auf dem kleinen Dienstweg. So eine Nudel hat schließlich auch ein kleines, aber eigenes Seelenleben, das nicht achtlos übergangen werden sollte. Aber was kommt dann? Nur mit einem schlichten Kaufsegen wäre man erst auf Stufe 1 der internationalen Karriere bis zum offiziellen Heiligen-Schein summa cum laude angelangt. Es müsste noch weitergehen. Ein Sterne-koch ist in der Regel ja auch nicht nur mit einem popeligen Stern zufrieden. Zwei oder sogar drei – das wird bei vielen das Bestreben sein. So auch die Nudel … In der päpstlichen Kongregation für Heiligenangelegenheiten werden Heilige gemacht und Wunder geprüft. Blinde, die wieder sehen. Lahme, die wieder gehen. Alles kein Problem. Aber simple Nudeln, die glücklich machen, könnten die nicht auch heiliggesprochen werden? Ist ihre Lebensleistung etwa kein tägliches Wunder, das den Herrn in seiner unendlichen Güte beeindruckt? Es heißt, man könne in Deutschland leichter Minister werden oder Millionär als nur ein bisschen selig. Glücklich sind die Ahnungslosen, denn sie wissen es nicht besser. Will heißen, die Pasta wird für dumm verkauft. Nix mit Nudel, Jubel, Heiligkeit. Selig geht nicht, heilig schon gar nicht. Da hilft auch kein Kerzenaufstellen. Oder etwa doch? Wenn man bedenkt, dass für die beiden höchsten Grade der Gottgefälligkeit vorausgesetzt wird, man müsse mindestens lokal verehrt werden, behaupte mal jemand, der Pasta würde in italienischen Lokalen nicht ausreichend gehuldigt. Und ein Heiliger in spe muss gar auf der ganzen Welt verehrt werden. Mal ehrlich – sogar in China essen sie inzwischen lieber Nudeln als Reis. Es wird also höchste Zeit, diesem Manko den Garaus zu machen und für den heiligen Dienstweg zur Santa Pasta ein Pfaffenauge zuzudrücken. Denn die gute Nudel will Heiligkeit haben. Wenn das nicht möglich ist, dann Penne sanft!

Das Anliegen ist alles andere als lächerlich: Die Nudel als solche hätte es längst verdient, in den heiligen Stand aufgenommen zu werden. Kaum ein anderes Lebensmittel verbreitet unter den Pasta-Jüngern soviel Freude und Zufriedenheit. Die Schwierigkeit ist nur – normalerweiser erfolgt der heilige Adelsstand frühestens fünf Jahre nach dem Ableben. Doch sicher ist – die Nudel lebt. Und wie!

Dein Wort in Gottes Orecchiette

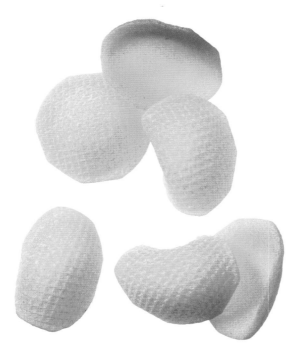

ORECCHIETTE

Wer gut essen will, muss auf „la Mamma" oder den Gott der Nudeln hören. Gute Orecciette dürfen nicht einfach glatt sein, sondern müssen innen und außen eine rauhe Oberfläche haben, damit die Sauce am Teig haften bleibt. Gute Orecchiette werden entweder mit einer Nudelmaschine mit Kupfereinsatz hergestellt oder – wie das Original – mit einem Handgriff über der Fingerkuppe geformt.

Titel:

Habemus Pasta – die Nudelbibel

ISBN: 978–3-942518–88-8

© 2013

99pages Verlag GmbH

Methfesselstr. 46a, 20257 Hamburg

www.99pages.de

Text und Konzeption: Rainer Schillings

Fotos und Look: Ansgar Pudenz

Rezepte und Foodstyling: Manuel Weyer

Art Direction und Illustrationen: Till Schaffarczyk

Reinzeichnung: Matthias Dörzbacher

Wir danken Villeroy & Boch für die freundliche Unterstützung

Druck und Herstellung:

B.O.S.S Druck und Medien, Goch

Printed in Germany

Alle Rechte vorbehalten, auch auszugsweise.